微信朋友圈、公众号和小程序
运营实战（第2版）

胡华成　范国洪◎编著

清华大学出版社
北京

内 容 简 介

作者根据近几年运营的实战心得,提炼了108个干货技巧形成本书。书中针对朋友圈、公众号与小程序的运营特点,特别是引流、留存、促活、变现等方面进行了全面、深入的讲解。

本书具体内容包括:微信朋友圈如何获取超高人气、如何获得陌生人信任、如何卖出产品;微信公众号如何找到精准用户、如何打造爆文、如何引流、如何盈利;微信小程序如何进行营销、如何提升排名、如何获取收益等。

本书适合对朋友圈、公众号、小程序运营感兴趣的读者阅读。

本书封面贴有清华大学出版社防伪标签,无标签者不得销售。
版权所有,侵权必究。举报:010-62782989,beiqinquan@tup.tsinghua.edu.cn。

图书在版编目(CIP)数据

微信朋友圈、公众号和小程序运营实战 / 胡华成,范国洪编著. —2版. —北京:清华大学出版社,2020.1(2022.7重印)
ISBN 978-7-302-54306-0

Ⅰ.①微… Ⅱ.①胡… ②范… Ⅲ.①网络营销 Ⅳ.①F713.365.2

中国版本图书馆CIP数据核字(2019)第271776号

责任编辑:杨作梅
装帧设计:杨玉兰
责任校对:王明明
责任印制:丛怀宇

出版发行:清华大学出版社
网　　址:http://www.tup.com.cn,http://www.wqbook.com
地　　址:北京清华大学学研大厦A座　　邮　编:100084
社 总 机:010-83470000　　邮　购:010-62786544
投稿与读者服务:010-62776969,c-service@tup.tsinghua.edu.cn
质量反馈:010-62772015,zhiliang@tup.tsinghua.edu.cn

印 装 者:小森印刷(北京)有限公司
经　　销:全国新华书店
开　　本:170mm×240mm　　印　张:15.5　　字　数:370千字
版　　次:2017年5月第1版　2020年1月第2版　印　次:2022年7月第3次印刷
定　　价:59.80元

产品编号:084757-01

前言

■ 写作驱动

随着互联网的快速发展，微信平台将企业与自媒体人带入了一个兴盛的时期，人人都可以是运营者，无论是拥有优质内容的个人自媒体，还是企业微信公众号，都有可能获得千万粉丝的关注，有了粉丝，就有商业变现的可能。小程序自2017年1月9日上线以来，以强劲的势头成为微信的王牌板块。

这是一个充满新机遇的时代，也是一个机遇快速消逝的时代，作者将微信朋友圈、微信公众号、微信小程序三者安排在一本书中，是因为这三者作为腾讯的"三驾马车"，近几年的发展势头最猛，三者的商业价值越来越大，而且作为企业、自媒体人或者商家，这"三驾马车"还可以同时进发，彼此合作，为企业创造巨大的商业价值。

本书主要通过"朋友圈＋公众号＋小程序"3条线，帮助读者精通微信平台的营销与运营，全面解析互联网微信平台的运营新思路，让您轻松创造优质内容，拥有引爆微信平台的力量！由于篇幅有限，本书只能选取最精华的内容来讲解。

■ 本书特色

本书的特色主要体现在以下3个方面。

（1）实用性：本书内容条理清晰，面面俱到，书中的108招，均为作者实践经验的总结，因此，其中的运营技巧都是非常实用的。

（2）全面性：从内容来看，本书对朋友圈形象打造、内容创造、营销推广、关系维护；公众号账号设置、后台操作、爆文打造、引流增粉；小程序注册发布、亮点设计、入口打造、成交转化均进行了具体的说明，内容相对全面。

（3）透彻性：本书以108招的形式进行论述，对于微信朋友圈、公众号和小程序运营过程中的相关问题进行全盘解答，同时还注重分析的透彻性，将各招式进行了具体解读，书中将朋友圈、公众号和小程序融会贯通，让读者轻松掌握一整套微信运营实用技巧。

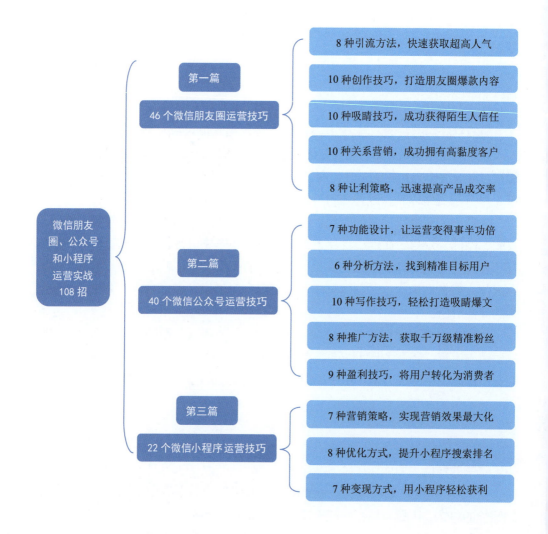

■ 本书售后

本书由胡华成、范国洪编著,由于作者知识水平有限,书中难免有疏漏之处,恳请广大读者批评、指正。

编 者

目录

第1章 8种引流方法，快速获取超高人气 ... 1

1.1 手机通讯录引流——将好友变成粉丝 ... 2
1.2 QQ全面引流——多个渠道进行用户转化 ... 2
1.3 线下实体店引流——每个到店的客户都是资源 ... 4
1.4 线上网店引流——网友都是潜在客户 ... 6
1.5 公众号平台引流——与朋友圈粉丝共享 ... 7
1.6 发文平台引流——利用亿级平台疯狂涨粉 ... 7
1.7 大会活动引流——省时省力的最佳吸粉手段 ... 9
1.8 包裹外加二维码——多做一步巧妙吸粉 ... 9

第2章 10种创作技巧，打造朋友圈爆款内容 ... 11

2.1 找准定位——吸引更多精准用户 ... 12
2.2 控制长度——把握好朋友圈文案的字数 ... 15
2.3 内容前置——一秒吸引住用户的目光 ... 17
2.4 图文结合——有趣味性才更吸睛 ... 18
2.5 产品特点——激发用户的购买欲 ... 21
2.6 产品陈列——页面干净舒适才更受欢迎 ... 22
2.7 明星效应——获取关注的有效手段 ... 25
2.8 价格优势——吸引用户购买的关键 ... 26
2.9 把握时间——选择合适的时间推文效果更显著 ... 29
2.10 晒单晒好评——让潜在客户不得不心动 ... 32

第3章 10种吸睛技巧，成功获得陌生人信任 ... 35

3.1 多发个人照——学会用高颜值吸睛 ... 36
3.2 呈现个人学识——让客户看到真才实学 ... 36
3.3 展示高品位——用格调疯狂吸粉 ... 37
3.4 发情怀内容——让用户产生共鸣 ... 38
3.5 贴近生活——人情味的内容备受喜爱 ... 38
3.6 分享资质——高品质的产品更有说服力 ... 41
3.7 分享团队——有权威才能获得信任 ... 41
3.8 分享辛苦——用拼搏精神打动用户 ... 42
3.9 分享体验——让产品更有可信度 ... 45

3.10 分享增员——展示实力吸引更多人加入 46

第4章 10种关系营销，成功拥有高黏度客户 47

4.1 已添加好友——维护并挖掘出潜在价值 48
4.2 情感营销——满足用户心理需求 50
4.3 重视反馈——让用户不再有抱怨 51
4.4 加强互动——培养稳固的用户关系 52
4.5 设置体验——消除用户的不信任感 53
4.6 持续跟进——长期有效地留住用户 54
4.7 售后问题——用户投诉完美解决 56
4.8 定期回访——吸引客户重复购买 57
4.9 听取建议——不断进步获得成功 59
4.10 客户流失——分析原因，提供精准服务 60

第5章 8种让利策略，迅速提高产品成交率 63

5.1 客户利益——激发购买欲的突破口 64
5.2 产品价值——塑造好价值就有高收益 64
5.3 赠送产品——让顾客无法拒绝 66
5.4 促销活动——增加产品的销量 68

5.5 制造稀缺——让顾客产生紧张感 72
5.6 会员制度——可获得忠实客户 75
5.7 羊群效应——拉动产品的整体销量 77
5.8 发展下线——拓展更大的销售空间 79

第6章 7种功能设计，让运营变得事半功倍 81

6.1 被关注回复——自动回复获得好感 82
6.2 文章排版——增强读者视觉享受 83
6.3 文章分类——优质汇总获得用户青睐 84
6.4 栏目设置——菜单栏引导读者点击 86
6.5 跳转页面——推广文章获得点击率 92
6.6 跳转链接——设置为淘宝、微店获取收益 94
6.7 年审流程——确保公众号正常运营 95

第7章 6种分析方式，找到精准目标用户 97

7.1 新增人数——关注粉丝增长数据 98
7.2 取消关注——掉粉情况必须重视 100
7.3 净增用户——有效检验推广效果 101

7.4 累积人数——可深层分析粉丝喜好 103

7.5 用户画像——学会合理判断用户属性 103

7.6 常用分析方法——通过数据洞悉用户需求 107

第 8 章 10 种写作技巧,轻松打造吸睛爆文 121

8.1 标题类型——爆文的 8 个点击理由 122

8.2 标题拟写——好标题提高点击量 127

8.3 正文内容——10 大写法吸引读者转发 132

8.4 文章摘要——激发用户的阅读兴趣 140

8.5 语言风格——创造好的阅读感受 141

8.6 文案形式——内容生动更有阅读欲 143

8.7 节日内容——烘托气氛提升文案热度 146

8.8 连载内容——延伸性强吸引精准读者 148

8.9 广告文案——巧妙植入更吸引读者 148

8.10 在看功能——主动提醒用户分享 150

第 9 章 8 种推广方法,获取千万级精准粉丝 151

9.1 大号互推——建立公众号营销矩阵 152

9.2 活动策划——让用户参与进来 153

9.3 APP 引流——APP、公众号粉丝共享 158

9.4 红包引流——引爆微信群进行推广 159

9.5 官网引流——借权威将粉丝引入公众号 161

9.6 线上微课——精准粉丝和获利双赢 162

9.7 平台引流——在流量平台推广公众号 162

9.8 关键词引流——从用户的角度去思考 164

第 10 章 9 种盈利技巧,将用户转化为消费者 167

10.1 线上培训——效果可观的吸金方式 168

10.2 流量广告——开通流量主获得收益 168

10.3 代理运营——与品牌商家进行合作 171

10.4 出版图书——靠基础和实力盈利 171

10.5 数据提供——高能力换取高收益 172

10.6 头条广告——发布软广、硬广进行变现 173

10.7 赞赏功能——发布价值文章获得收益 178

10.8 付费会员——留下高忠诚度的粉丝 179

10.9 收益分析——文章没有获利的原因 180

第 11 章 7 种营销策略,实现营销效果最大化 183

11.1 鼓励分享——借助他人力量广泛传播 184

11.2 微信群分享——两种推广策略引爆小程序 185

11.3 关联功能——联合推广小程序和公众号 187

11.4 应用市场——增加小程序的曝光率 192

11.5 数据助手——便于及时调整运营方向 194

11.6 所在位置——巧用附近的小程序功能 195

11.7 特定场景——提高实用性争取大量用户 197

第 12 章 8 种优化方式,提升小程序搜索排名 199

12.1 关键词预测——直观影响小程序排名 200

12.2 自定义功能——选择热门关键词 201

12.3 使用频率——合理运用高频关键词 204

12.4 长尾关键词——获得更多的点击量 207

12.5 争取好评——优化小程序搜索排名 209

12.6 链接诱饵——增加人流量提高排名 211

12.7 用户角度——拉近与用户间的距离 214

12.8 对手角度——深入了解竞争对手 217

第 13 章 7 种变现方式,用小程序轻松获利 219

13.1 个体电商——打造个体平台进行销售 220

13.2 大型平台——借助电商平台销售产品 221

13.3 付费内容——提供干货内容获取收益 223

13.4 直播宣传——将主播的粉丝变为消费者 227

13.5 收取定金——出售卡片打通线上线下 230

13.6 有偿服务——薄利多销累积更多收益 231

13.7 非销售盈利——不卖东西也能有收益 233

第1章

8种引流方法，快速获取超高人气

所有的营销，都必须要有人气，否则都是空谈，而擅长营销者，会脚踏实地，从整合身边已有资源开始，充分挖掘、运用好已有的人脉资源，比如说手机通讯录就是我们的第一大现有人气资源，要充分做好转化。本章将介绍多种吸粉引流的方法。

- ▶ 手机通讯录引流——将好友变成粉丝
- ▶ QQ全面引流——多个渠道进行用户转化
- ▶ 线下实体店引流——每个到店的客户都是资源
- ▶ 线上网店引流——网友都是潜在客户
- ▶ 公众号平台引流——与朋友圈粉丝共享
- ▶ 发文平台引流——利用亿级平台疯狂涨粉
- ▶ 大会活动引流——省时省力的最佳吸粉手段
- ▶ 包裹外加二维码——多做一步巧妙吸粉

1.1 手机通讯录引流——将好友变成粉丝

在这个以手机为主要通信工具的时代,手机通讯录就相当于人的社会关系的一个缩影,它是人的各种社会关系的具体表现,里面有亲人、好友、同学、领导、同事、客户等,少的有几十个,基本上会有上百个,就拿笔者为例,目前通讯录就有605人,如图1-1所示,人际关系网如果发达的,估计有上千人。

图1-1 笔者手机通讯录的人数

特别是使用同一个手机号越久的人,里面储存的人脉资源就越多。俗话说:创业需要第一桶金,在如今人气就是财气的网络时代,我们需要第一桶"人气",而最好的人气资源就是我们的手机通讯录。因为手机通讯录里面的人,我们基本上知根知底,这样就可以很好地根据自己营销的需要进行分类、标注,发送针对性的信息,实现用户群体、品牌建设和产品推广的精准营销。

只要运用得好,他们就是我们微信朋友圈中最好的客户源。如果用户手机中有许多通讯录号码,此时可以通过微信服务插件,将通讯录中的号码全部添加至微信列表中,使其成为微信朋友圈中的一员。

1.2 QQ全面引流——多个渠道进行用户转化

如果说手机通讯录是我们的第一桶"人气资源",那第二桶非QQ莫属。

1. QQ 好友引流

现在每个人至少有一个专用的 QQ，里面也有各类人际对象，估计手机通讯录有的，QQ 好友上都有，手机通讯录上没有的，QQ 好友上也有。如图 1-2 所示为笔者的 QQ 好友资源。

图 1-2　笔者的 QQ 好友资源

QQ 目前是我国使用频率最高的社交工具，经过长期的发展，其用户资源非常丰富，而且用户也因为长期使用，好友人数日益积聚，如果将这些资源有针对性地移植到微信朋友圈中，扩大朋友圈人气数量，将会为朋友圈获得更多精准的人气资源。

2. QQ 空间好友引流

作为最早走入网络用户生活的社交平台——QQ 空间，用户基数之大决定了它在营销方面的含金量。所以大家不妨将 QQ 空间作为一个单独的营销角度，通过它去吸引大批的微信好友，增加更多的潜在客户。

QQ 空间和微信朋友圈最大的区别是：一个是相对开放的平台，另一个则是更加注重个人隐私的小群体空间。并且 QQ 空间是可以独立于 QQ 这个聊天软件单独存在的 APP，它能够像微博一样，关注你感兴趣的人却并不需要与对方成为好友。

利用 QQ 空间来增加微信好友的方法有如下两种。

（1）利用 QQ 空间大号来推广微信号和产品，需要付出一定成本，其操作也很简单，但是广告太硬或太频繁可能会惹人厌恶。

（2）开通 QQ 空间认证。即腾讯官方对于公司、品牌、机构、媒体等进行的官方认证，在其中加入微信号介绍或微信绑定的电话号码。

3．QQ 个性签名引流

QQ 个性签名是和 QQ 头像、QQ 昵称一样会直接在 QQ 好友栏显示的信息，但 QQ 头像展示的内容有限，QQ 昵称又可能被备注覆盖，所以 QQ 个性签名更加适合进行引流。微信营销者只需通过编辑个性签名就可以将需要引流的微信号信息展现在自己 QQ 的好友栏信息中。

4．QQ 群引流

目前，QQ 群列出了许多热门分类，微信营销者可以通过查找同类群的方式，加入进去，进入群之后，不要急着推广引流，先在群里混个脸熟，之后可以在适当的时候发布引流信息。

就 QQ 群的推广与引流方法而言，可以通过相应人群感兴趣的话题来引导 QQ 群用户的注意力。如在摄影群里，可以发布一段这样的内容："小伙伴们，我今天关注了一个微信号——手机摄影构图大全，里面有篇文章很好，是关于手机摄影的构图技法和辅助配件的，有兴趣的一定不要错过。"

1.3 线下实体店引流——每个到店的客户都是资源

网上购物开始兴起之后，实体店的销售额纷纷受到或大或小的冲击。生意人发现实体销售越来越难做了。的确，对比起进入实体店购买物品，网上购物更加方便，也更加便宜。所以对于商人来说，如何利用微信把生意做"活"，是一个非常值得讨论和分析的问题。

实体店由于房租成本高、店员费用高、购买转化率低的现状，更需要与线上结合进行营销，把线下顾客转换成线上好友。

当客户来店里购买商品时，可以通过添加微信好友的方式实现售后服务。毕竟"售后"对于销售来说，是最重要的环节之一。在互相加过微信好友之后，商家可以通过了解客户需要什么、适合什么，为他们量身推荐最合适的商品，这也是提高销量、增加回头客的最好方式。

当然，微信毕竟是比较私人的社交工具，非亲非故莫名其妙地上去要和别人互加好友并不是非常礼貌的行为，同时也很有可能遭到对方的拒绝。那么有什么办法能够吸引客户添加微信呢？

方法一，可以设立几个优惠政策：凡是来店购买商品的用户，加店主微信后就可以享受折扣，如图 1-3 所示。

图 1-3　顾客在店铺前扫描二维码

方法二，可以免费发放一些小成本的物品来吸引顾客添加微信。比如，天热的时候发放纯净水或者小扇子等。如图 1-4 所示的商家，就采用了扫码领奖品的方式。

图 1-4　扫描二维码送礼品

总而言之，将生客变熟客、把熟客变老客是营销中大家需要做到的。而利用微信的社交功能来实现这一目的，是一种新鲜且明智的做法。除了新客户，我们同样不能忽视实体店经营多年累积下来的老客户。这些客户平时在店内购买的东西比较多，也很信赖店主，是商家不能失去的重要客源。

店主在添加这些客户微信之后，就要认真对待他们的疑问与建议，尽量将与对方之间的生意关系发展到线上。努力争取他们的信任，不仅能保持长期的合作关系，同样还可以获得对方因为信任而推荐的新客户。

1.4　线上网店引流——网友都是潜在客户

实体店铺受地理位置、交通情况的影响，每天能够接待的客流量相对于足不出户就能浏览的网上店铺来说要小得多。商户们想扩大自己的生意规模和销售数量，除了抓住线下的客户以外，还要尽量将线上的网友转化成潜在客户。

不幸的是，很多网络店铺费尽心思策划出各种方案来吸引访客，却从来没想过要如何将这些访客归集起来，添加至个人微信账户中，让这些潜在购买力白白溜走，为吸引访客所花的钱也就打了水漂。

所以为了利于大家进行朋友圈营销，网络店铺一定要添加大部分网友的微信。那么如何利用网上店铺吸引过客呢？具体有两个方法。

第一，购买搜索引擎为店铺引流。其实所谓"购买搜索引擎"就是当网络用户搜索某种商品时，搜索页面会有一些品牌或购物网站的推送。当然，这一步骤是要花钱的。简而言之，花的钱越多，排名越靠前。而这一行为，虽然不能给企业直接带来客户名单与详细资料，却可以提高公司网站的浏览量。某搜索引擎的推荐页面，如图1-5所示。

图1-5　某搜索引擎的推荐页面

第二，通过淘宝优惠返现吸引客户。一般来说，购物网站中客服活跃度最高的就是淘宝。因为它是一个大型购物平台，任何人都可以拥有自己的一家小网店，所以客服只对自家店面负责。

客服可以通过"阿里旺旺"的功能，向客户介绍优惠政策，让他们加店主私人微信进行返现活动，这样就可以直接吸引与归集客户了。

1.5　公众号平台引流——与朋友圈粉丝共享

很多公众号将"扫描二维码添加关注"这一增加粉丝的方式，贯彻得十分彻底。微信营销者可以学习这种方式，使用一切办法，在公众号中将自己个人的微信号或二维码散播出去，当然这种方法反过来也同样适用，即在朋友圈中推广自己的公众号，可以做到将公众号与朋友圈的好友共享。如图1-6所示为公众号与微信号二维码的展示效果。

图1-6　公众号二维码引流

1.6　发文平台引流——利用亿级平台疯狂涨粉

今日头条媒体平台，可以帮助微信营销者扩大自身影响力、增加产品曝光率和关注度。在注册了"头条号"后，要想把这一渠道运营好，就必须在多个模块上下功夫，举例介绍如图1-7所示。

如今，很多已经成为超级IP的网络红人都开通了头条号来传播自己的品牌，以及实现内容变现的目标。对于用户来说，可以获得更好的使用体验，而对于微信营销者来说，可以拴住更多用户的"心"。如图1-8所示，为头条号"手机摄影构图大全"发布的文章。

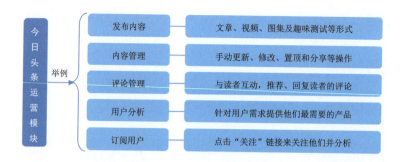

图 1-7 今日头条运营模块举例介绍

图 1-8 通过头条号引流

>
> **专家提醒**
>
> 　　今日头条 APP 是一款用户量超过 4.8 亿的新闻阅读客户端，据统计，在今日头条移动端上，单用户每日使用时长超过 65 分钟，每天社交平台分享量达 550 万次，其精准推送模式让用户不必再受其他繁杂冗长的信息困扰。
>
> 　　在今日头条 APP 上，聚合了超过 5000 家站点内容，更有超过 7 万家头条号每日为用户创作的新鲜精彩内容，平台每日聚集了 400 位工程师对算法进行优化，5 秒钟就能算出用户的兴趣话题和内容，然后推送为用户量身打造的专业资讯。

1.7 大会活动引流——省时省力的最佳吸粉手段

微信营销者可以多参加一些大型的聚会、讲座、沙龙、培训等活动，然后在大会上发言，并留下自己的微信号，吸引大会上其他人的关注。有权威的微信营销者还可以在大型培训活动中以讲师的身份参与培训。如图 1-9 所示，为微信营销者参与培训活动的朋友圈。参与培训活动前要同活动主办方商议，在培训结束后留下自己的微信号，让参与培训的人都成为你的微信好友。

所以在大会活动现场引流，只需要想办法在大会现场留下自己的微信号即可，是一个非常省时省力并且有效的推广方式。

图 1-9 微信营销者参与培训活动的朋友圈

1.8 包裹外加二维码——多做一步巧妙吸粉

除了一些比较传统的宣传方式以外，微信营销者还可以将二维码附在包裹上以方便买家扫描。因为顾客在收到商品的第一时间，都会习惯性地检查一下外包裹，看看完整与否。而现在大多数人看见二维码可能都会习惯性地扫描一下。所以说，商品的包裹就成为一个非常合适的添加二维码的地方。

微信营销者们应该抓住这一点，制作一些比较清楚的二维码图片，粘贴在包裹上,以此来增加微信好友数量。如图 1-10 所示,就是一个贴了二维码的包裹。

有些客户在淘宝、京东等网站上购买了商品。这家店主为了将普通客户发展成长期客户,便希望能够将这些客户添加到自己的个人微信朋友圈中,这样不仅方便售后的沟通,更能打通进一步营销的关节。

图 1-10　包裹上的二维码

当然,除了从其他网站进行引流以外,还有可能是某位微信营销者的个人微信号好友已经满了、旧的微信号上由于亲友太多,为了方便营销,干脆重新申请一个微信号专门用来做朋友圈营销,所以需要客户添加另一个账号。

甚至是这位微信营销者又发展出另一门生意来,为了客户的积累,就将原来的老客户发展成某种新生意的新客户。无论原因是什么,方便客户查找与添加都是微信营销者第一个需要考虑的因素,在包裹上附上二维码的方式确实相当便利。

第 2 章

10种创作技巧，打造朋友圈爆款内容

学前提示　　在营销过程中，如何将产品描述得准确得体又能引人注目，是一个自始至终贯穿销售过程的重大问题，它决定着销售的整体水平，我们必须重视它。本章将介绍多种方法帮助大家理清头绪，整理出真正适合营销的朋友圈写作方式。

要点展示

▶ 找准定位——吸引更多精准用户
▶ 控制长度——把握好朋友圈文案的字数
▶ 内容前置——一秒吸引住用户的目光
▶ 图文结合——有趣味性才更吸睛
▶ 产品特点——激发用户的购买欲
▶ 产品陈列——页面干净舒适才更受欢迎
▶ 明星效应——获取关注的有效手段
▶ 价格优势——吸引用户购买的关键
▶ 把握时间——选择合适的时间推文效果更显著
▶ 晒单晒好评——让潜在客户不得不心动

2.1 找准定位——吸引更多精准用户

在营销过程当中，微信营销者必须意识到，朋友圈文案内容的好坏，会影响到有效客户的数量。如何让朋友圈的朋友们喜欢你所发的东西，愿意和你互动，是做好朋友圈营销首先需要思考的问题。

所以说，一定的文字功底和素材积累是朋友圈商家必不可少的。当然，也不需要你文采斐然、博古通今，但至少能够将自己的产品介绍清楚，比如产品的功能以及优点等。

首先我们必须明白的是，纯广告、硬广告肯定是让人讨厌的。朋友圈是私人空间，大家用这个功能和身边的人分享经历与心路历程，结果冷不防看见一则广告，谁乐意呢？所以我们应该采取委婉的方式来写广告内容。

比如添加一些个人的经历或感受，或者干脆加入一些科普性质的内容。总之，怎么有趣生动怎么来。在发布朋友圈时，我们首先必须弄清楚我们的微信好友们对什么感兴趣，其次是这次的宣传到底想达到一个怎样的效果。将这两个问题整理清楚之后，再来定位文本的内容。

一般来说，引人注目的文本内容定位有七种：第一，内容多样化；第二，生活展示；第三，产品体验；第四，转发内容；第五，专业知识；第六，娱乐活动；第七，兴趣爱好。接下来为大家进行详细介绍。

1. 内容多样化

由于朋友圈中每一个人的生活、工作圈子几乎都不能完全重合，所以在刷朋友圈时，我们会看到多种多样的生活方式与信息。所以微信营销者可以利用这一点，将广告信息变得更多样化。除了做广告以外，还可以适当地发一些生动有趣的朋友圈。

如图2-1所示，是卖减肥产品的微信营销者发的一些比较生动有趣的朋友圈，除此以外，在推荐产品时也可以适当地指出，自己的产品可能并不是对每种体质的人群都有很明显的效果。虽然这么说起来好像是自断财路，可在别人看来反而会觉得你很诚实，也会更加信任你。

2. 生活展示

除了广告以外，为了吸引客户对自己的注意，在其脑海中留下一个清晰的定位，同样可以多多展示自己的生活，让他们感受到你也是一个有血有肉、偶尔会倒霉却永远乐观向上的人。所以，多多展现生活中的美好十分重要，给对方树立一个积极生活、努力工作的样子，这样才可以感染到对方。

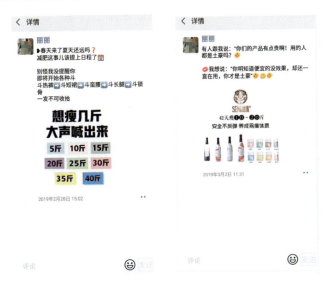

图 2-1　卖减肥产品的微信营销者朋友圈

3．产品体验

这一方法可以从两个方面来体现：一个是自己亲自使用某个产品之后的感受；另一个就是使用过的客户对此的评价。很明显，后一种比前一种更能得到其他人的信任。对于微信营销者来说，持续对客户跟进了解产品方面的内容，是很有必要的。

直接公布关于对这种产品评价的聊天记录是一种十分有用的方式。因为人都有一些从众心理，对某种产品好的评价越多，其他人就会对此产品印象越深，那么未来需要购买此类商品时，就会条件反射地选择这个品牌了。

4．转发内容

自己经常性地进行编辑文案，可能也会有知识内存不够、写不出东西来的时候。这时我们应该尽量去微信公众号找寻好的内容来转发并且点评。当然，转发的文章和自己所做的生意应该有些关联。

比如卖化妆品的，就尽量多转发一些关于护肤保养类的文章；卖减肥产品的，就转发关于体重、养生类的文章。一来二去，就可能会让微信好友觉得，你应该是某个方面的半个专家，信任感也会愈加深厚。要注意的是，虽然多多转发好文章会让人肯定你的品位，可是切记不能在某一个时间段内分享太多的文章，不然对方没有好好阅读与消化的时间，文章也可以说是白分享了。

5．专业知识

在为自己的商品打广告的同时，不要吝啬自己关于这方面的知识储备。比如卖护肤品的微信营销者，可以和大家分享一些护肤知识，如图2-2所示。

图2-2　分享专业知识的朋友圈内容

6．娱乐活动

在朋友圈里除了发日常的广告、有价值的文章以外，还可以分享一些自己的日常活动，特别是娱乐活动。如果朋友圈的内容结合营销，可以多多分享所在企业举行的活动，一来娱乐大众，二来也为公司打了一个广告，一举两得。

当然，除了企业活动以外，其他有趣的活动同样也可以分享到朋友圈。虽然起不到打广告的作用，但至少能让别人觉得，你是一个活泼开朗、乐观向上、喜欢娱乐的有趣的人，给人留下深刻的印象，也可以为未来的营销打下比较坚实的基础。

7．兴趣爱好

明确自己所喜欢的圈子也是十分有必要的。这样可以吸引同样喜欢这方面的客户，有了谈资便可以交流感情。而那些没有共同爱好的微信好友同样也会对你留下深刻的印象。因为认真讨论自己喜欢事物的人，总是会吸引人的。

还有，每天发朋友圈的次数不宜过多，最好可以控制在 3~5 条，因为过度刷屏是会惹人讨厌的。

2.2 控制长度——把握好朋友圈文案的字数

在发布营销广告软文时，无论内容是什么，有一点必须要注意，那就是字数不宜太多。一般来说，108~200 字的内容就会被系统自动折叠，只展现其中一半到三分之二的信息，超过 200 字的内容就只剩下一行字了。超过字数的内容需要用户点击"全文"按钮，才能展示剩下的内容，具体如图 2-3 所示。可是平时大家工作生活都很繁忙，太长的内容可能没有多少人会认真读完。

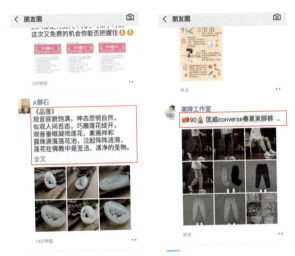

图 2-3　朋友圈被折叠的内容

一般来说，如果有 100 个好友，同时看到了需要点击"全文"按钮才能阅读的信息内容，愿意阅读的人数可能连一半都不到，特别是在显现的文字并不能吸引他们注意的前提下。所以说，为了使微信好友都能顺利地读完朋友圈，一定要严格控制朋友圈的发文字数。

其实很多时候，100 多个字已经足够我们去具体描述一个产品或一件事了，所以每次在文本内容编辑完成时，用户们应该认真翻看几遍原有的文字，然后进行适当的删减，去除那些啰唆的、并不需要的形容词、副词，用白描手法写出来的东西，反而更加让人觉得贴近生活。

可是实在要碰上一些内容丰富、相对来说比较长的文本，可以采取什么样的方法呢？下面为大家进行具体介绍。

1. 将文案分成好几个部分

当文案信息内容过长，而确实又没什么可以删减的内容时，我们可以将文案分成几个部分分别发送。在使用这一方法时，文案内容一定要有意思，并且在一段文字的最后，应该写上一些能够吸引微信好友接着看下去的内容，这些文字类似于说书先生的"且听下回分解"，一般能牢牢抓住客户的好奇心。

当然，这个文案各个不同的部分之间空隔时间不宜过长，不然对方可能会忘记之前的内容，也不会有兴趣重新翻看。还有一点，文案所分部分也不应太多，最多三个部分，不然刷屏了也可能会引起一些人的不满。

2. 将文案用软件生成图片文件

可以简单一点，用手机自带的文稿编辑功能写东西，然后直接截图，缺点就是不太美观。因此建议还是用专业的软件来编写，因为一般长文的软件都会有很多不同的模板，除了文字以外还可以加入图片，进而能够生成精彩纷呈的画面，让人忍不住点开仔细品读。

如图 2-4 所示，为一些专业软件中好看的模板。当然除了图片，我们也应该配合一些文字来吸引微信好友点开图片来仔细阅读文案。

图 2-4　专业软件中好看的模板

3. 将文案发布到企业或个人公众号中

如果文章太长，放进企业或个人公众号里也是一个很好的选择，至少可以保证排版的美观大方。当然,前提是一定要取个吸睛的标题,这样才能吸引读者阅读。

2.3 内容前置——一秒吸引住用户的目光

在微信营销的文章当中,除了要有新颖、吸引人的标题以外,还需要有一个让人感兴趣的开头。其实写营销类的文章有一点像记者写新闻,应该采取"开门见山"的方法将重点内容归纳在主旨句,也就是第一句里。

一来防止有些读者在读到重点之前失去耐心。至少"重点前置"可以保证读者顺利地了解整篇文章的中心思想,无论他有没有将文章读完。二来列举出全文的重点,也可以引起读者的兴趣。

其实不仅仅是整篇文章,每一段最好都能采取这种办法,将段落重点提炼出来放在第一句里,以方便理解和阅读。微信营销者平时在写作时,应该有意识地先用一句话总结接下来要写的段落,再根据这句话进行延伸,完善文章。

倒也不是说每一次写文案时都需要这么刻意地去提炼,只是练习做多了之后,就会慢慢地养成这种习惯,培养一个比较顺畅的逻辑思维能力。其实,写文案并不是在进行文学创作,不需要那么一板一眼地死抠句子和词汇。只要能够做到简洁、流畅、一目了然就可以了。

如图 2-5 所示,这位微信营销者的朋友圈发文就将重点提炼出来,并且放在第一句,让用户看一眼就能知道他所从事的行业,以及销售的产品类型。

图 2-5 重点前置的朋友圈内容

2.4 图文结合——有趣味性才更吸睛

微信营销者在朋友圈做销售一定要会做的第一件事是学会熟练掌握朋友圈的各种用法，特别是朋友圈的编辑方法。确实，相比 QQ 空间或者新浪微博，朋友圈的发布方法比较麻烦。微信朋友圈的发布模式主要有三种。

第一，"文字＋图片"模式。

第二，"视频"模式。

第三，"纯文字"模式。

从营销角度来说，最好都能选择"文字＋图片"模式来发朋友圈广告。因为太过冗长的广告文字一般都不被用户所认同，大家都不愿意在休息娱乐时看广告文案，而图文结合的朋友圈内容相对来说就要有趣味得多。当然，也不能全是图片没有文字，因为营销所需要的信息量必须全部放上去才能够成为一个完整的广告。

而在朋友圈的营销中有三种图文形式最容易吸引顾客的目光，让顾客对产品有阅读的兴趣，包括短图文式、长图文式以和长图片式，下面对这三种形式进行介绍。

1. 短图文式

在朋友圈中进行营销时，简单的广告其成本比较低，不需要付出太多的金钱，操作形式简单，适合不太懂得电子设备和电子软件的人使用。更重要的是，在一个品牌的初始阶段，相对基础的广告其实更重要。

在企业没有稳扎稳打的阶段，商户们最好还是在朋友圈进行这种最简单、最贴近群众的广告形式。如图 2-6 所示，为某微信营销者在朋友圈发的短图文式广告。

在朋友圈中还有一种短图文式的广告，是商家投入微信平台的一种广告类型，商家需要付广告费，每一位微信用户都可以在自己的朋友圈中看到该广告信息，如图 2-7 所示。不过，这种类型的广告适合资金比较雄厚的大型企业。

专家提醒

通过以上案例我们可以知道，商家在选择不同形式广告的时候，一定要从品牌自身的实际情况出发，努力去寻找适合的广告模式，而不是盲目地投入。

第 2 章 10种创作技巧，打造朋友圈爆款内容

图 2-6　相对基础又贴近群众的广告形式

图 2-7　商家投入微信平台的一种广告类型

2. 长图文式

长图文式与短图文式并无太大的区别，主要还是在"字数"上有些许不同。这种长图文式的广告形式往往是因为商家想要在文字中传递更多的信息，所以才会造成广告内容被折叠。一种是被折叠得只剩一行，另一种是被折叠了一半。

这是因为微信系统对文字数目有要求,太长不利于用户读到其他好友的信息,所以会将这些内容进行折叠。但一般有经验的商户都会将过长的信息复制,粘贴至评论处,如图2-8所示。

图2-8 将内容粘贴至评论处的广告

3. 长图片式

在朋友圈内发送广告,除了最传统的"图片+文字"以外,还有一种形式,那就是直接放一张后期制作好的长图片。那么,用长图片的好处有哪些呢?第一,可以使所阐述的内容更加丰富;第二,可以通过排版和色彩更加吸引顾客的眼球。

(1)所阐述的内容更加丰富。比起折叠式,还需要用户动手点开,明显长图片更加简单易行,并且所包含的内容可以更加丰富。任何想要在广告中表达的信息,商户们都可以通过长图片阐述出来,而不用担心字数的限制。

(2)排版和色彩可以吸引眼球。比起"图片+文字"的传统模式,长图片式可能会更加引人注目。因为它可以往里面添加许多可爱的图标与贴画,文字和图片也可以穿插出现,直观性更强,更加引人注目。甚至,商家还可以将产品画成漫画的形式,用长图片呈现出来,发送至朋友圈。这种营销方式新颖独特、易引人关注。

如图 2-9 所示，为长图片式的朋友圈广告形式，这种广告形式可以展示更多的产品信息和微商内容，以方便商家宣传和推广产品。

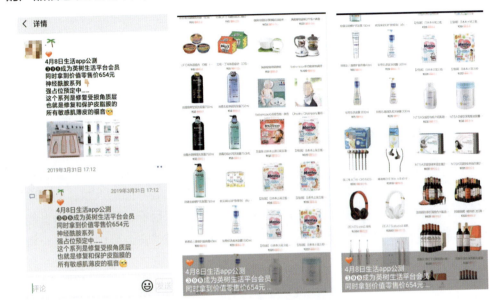

图 2-9　长图片形式的朋友圈广告

2.5　产品特点——激发用户的购买欲

在网上购物的用户大多会利用自己的第一印象来确定消费目标，购买欲望的产生往往是在看到产品的第一眼时。因此，好的产品描述能够以简单的文字和图片，道出产品的特色，吸引广大用户产生购买欲望。

所以，三言两语能够将产品描绘得真实又实用，是每个做朋友圈营销的商户应该掌握的技能。撰写产品特色描述其实是很简单的，只要做到两点，那么产品特色描述问题就会得以解决。下面对这两点进行详细介绍。

1．描述产品属性

微信营销者在销售产品时，可以展示产品的型号、价格等基本信息，同时还要展示产品的品牌、包装、重量、规格、产地等属性。一般企业对这些属性的描述越详细，买家就越容易产生购买行为，如图 2-10 所示。

```
品牌名称：
产品参数：
品牌：                     适用年龄：25-29周岁        尺码：155/80A/S 160/84A/M 165/88A/L...
图案：纯色                 风格：通勤                领子：西装领
衣门襟：单排扣             颜色分类：藏青 预售04.10号发 藏青 预...  袖型：常规
货号：                     年份季节：2019年春季       袖长：长袖
衣长：中长款               服装版型：直筒             销售渠道类型：商场同款（线上线下都有...
材质成分：聚酯纤维67% 粘胶纤维（粘纤...
```

图 2-10　描述详细的产品信息

2. 突出产品特色

　　以产品特色进行营销的方式，与其他营销方式的区别在于，突出产品特色的营销方式并不注重消费者对产品的概念以及内涵、文化等方面的诉求，而是以非常直截了当的方式，将自家产品最独特的卖点作为推广目标，让广大消费者能够注意并且记住产品。如图 2-11 所示的口红品牌，就将"安全可食用"这一特色进行推广。

图 2-11　以产品特色为卖点的产品

2.6　产品陈列——页面干净舒适才更受欢迎

　　在微信朋友圈中推销产品时，除了可以发营销软文外，也可以直接将注册的微店链接放进朋友圈里。这样所有的产品都在店中，排列有序，一目了然，更方便微信好友们尽情地挑选。

所以说，这个标题里的"产品陈列页面"，指的是微店里的界面。微信营销者在做朋友圈营销的时候，除了人工接单以外，还可以选择注册一家微店，这样在我们忙自己的工作生活，暂时没有时间在线上管理购买商品事宜时，买家还可以通过微店了解商品信息，或者是自助下单。

微店可以绑定个人微信号或者是微信公众号，只需要在管理界面进行设置就行了。而且开微店是免费的，并没有什么门槛。毕竟微信都是实名认证的，所以在安全性这一块不需要太担心。

微店注册好之后，只需要好好经营与管理自己的微店就可以了。微店管理有两个途径，一个是网页版，另一个是手机APP版。微店的网页版和手机版分别如图2-12、图2-13所示。

图2-12　微店网页版

图2-13　微店手机APP版

微信好友点击进入微信营销者的"详细资料"界面时,可以看见进入微店的途径。当然,微信营销者最好能够将微店的二维码截出来,发布在自己的朋友圈里,这样更方便好友查找。

微店内的设定自然也有相对来说比较合适的安排。其实微店的布置和实体店铺的布置是有一定相同性的,比如说都要整洁大方,让顾客一眼就能看见他们所需要的东西等。

在微店的布置上,我们一定要遵循"简单为美"的原则,尽量不要将商品信息堆得到处都是,让界面看起来挤挤攘攘。

有些微信营销者可能希望将所有的商品全部堆在页面上,会给人更详细的感觉,但是这种行为可能会导致客户找不到热销产品、找不到自己真正想要的东西,反而被一大堆货物弄得迷迷糊糊,忘掉了自己的本意。

所以在布置页面时,店主应该尽量将页面简化,留出一些空白部分,让顾客有休息的空间和时间。这样,他们才能够最快速地找到自己想要的东西。如图2-14所示,是一个微店中商品排列的图片。图片大,文字少,留白多,界面看起来很舒服,也很清爽。

图2-14 某个微店中商品排列的界面

除了界面尽量简单以外,微店还需要将所售卖的物品分类排列,一来方便推荐爆款产品;二来买家能够迅速找到自己想购买的产品。当然,除了最简单的按类型排列以外,还可以按照销量、价格等进行排列,给顾客一些购物上的简单提示。

这是针对"选择困难症"者最好的灵药。虽然说微店在一定程度上可以帮助我们腾出一些接待客户的时间，可是想要经营好整个小店，微信营销者还是必须花上大把时间来调适与管理的。

商品如果没货了，就要及时补货，断货的要下架，新商品应该大力去推销。还应该根据季节等变化因素不断地调整货品与商品情况。总而言之，微信营销者要做的，就是将微店最好的状态展现给买家看。

除了需要方便查看、及时更新以外，微店还需装饰得漂漂亮亮、大气合理。这样才能够吸引到更多的客户来购买商品。当然，在朋友圈中对微店进行推广也是推动商品销量的重要步骤，想尽一切办法去吸引更多的人关注微店，才算是成功的销售。所以说，除了微店本身必须不断地提高以外，微信营销者对微店的推广，也必须引起大家的重视。

2.7　明星效应——获取关注的有效手段

现在的中国，粉丝文化已经发展得十分完善了。由此，聪明的企业高层会选择邀请一些知名艺人代言公司产品，这种做法能够帮助他们收获丰厚的利润。明星效应对我们的生活产生了重大影响，最明显的就是电视里的明星代言的广告，对我们会产生潜移默化的影响。

一般来说，投资与收获是成正比的，企业越肯出钱请当红的艺人，能够获得的回报越丰富。下面为大家详细解释明星效应的三个作用。

（1）提高美誉度。一个影响力很大的明星，往往能够带动整个品牌的格调。而在现在这个人们文化水平越来越高的社会，购买者对"格调"这个词是非常看重的。

（2）拉动销量。除了普通群众以外，该明星的粉丝绝对会买企业的账。他们不仅自己关注且购买产品，还会拉动身边的人一起购买这个品牌的产品。并且一传十、十传百，慢慢地，关注的人就会越来越多。

（3）提高知名度。当然，明星身上本身的光环也能够影响到品牌。顶着"某某品牌"代言人的头衔能够帮助该品牌提高知名度。

所以，微信营销者决不能忽视明星效应，这种效应可以带动人群，特别是容易引起粉丝们的强烈关注。如图 2-15 所示，为微信营销者借用明星效应，吸引用户关注的朋友圈文案。

图 2-15　用明星效应吸引关注的案例

2.8　价格优势——吸引用户购买的关键

在营销过程中，微信营销者必须弄清楚一个问题，那就是在销售商品时，什么因素是影响商品出售的核心呢？其实就是价格。

价格是一般的消费者在购买物品时最常考虑的因素。所以微信营销者可以利用顾客的这一心理，在商品价格比较优惠或正在进行打折促销活动的时候，突出描述价格，进而吸引客户进行购买。一般突出价格优势有以下三种情况，下面为大家分析这三种情况的具体体现。

1. 有相对来说力度较大的优惠折扣

顾客对商品价格的关注会使得短期折扣变成十分抢手的活动。一般来说，折扣活动开展的时间都和节日有一定的关系。特别的商品会针对特别的节日进行大规模的折扣。比如说女性服装，可能会在"三八妇女节"当天展开活动，如图2-16所示。

折扣活动不要进行得太过频繁，不然会让顾客产生"这个东西卖不出去"的感受。但是一旦碰上活动，折扣力度最好能够大一些。如图2-17所示，依旧是"三八妇女节"的折扣活动发文。但值得注意的是，微信营销者将前后价格进行了对比，这样能让客户充分意识到折扣的力度。

图 2-16 "三八妇女节"女装活动的朋友圈发文

图 2-17 "三八妇女节"价格优惠的朋友圈发文

2．与同类型的产品相比价格占优势

在营销过程中，价格在选择购买产品时，能起到很重要的作用。所以，商家可以抓住价格的优势，吸引消费者的眼球。

如图2-18所示，这位微信营销者在推广产品时，就提到了用市场大部分产品的定价，来衬托自己定价的优惠力度，这样可以吸引顾客注意，然后在心中暗自对比，最终决定购买。

图2-18 对比突出价格优势的朋友圈发文

甚至有人可能并不需要这个东西，但是通过对比看见了价格的优惠，也就不管三七二十一，买下再说。

3. 商品本身价格实惠

有一些商品在推出之前，高层们讨论商品定位时，就将它们的亮点放在了"价格"上面。也就是说，这些商品往往会打着"物美价廉"的标语进行宣传。那么微信营销者在为这些商品打广告时，就必须将重点放在"价格"上，向顾客介绍它强大的性价比。

当然，宣传时可以选择编辑文本，加价格并打上引号或是后面加上感叹号。由于微信文本本身的局限性，选择用图片突出效果可能会更加合适。因为在图片中，我们可以任意改变字体和文字的大小、颜色，使之被凸显出来。如图2-19所示，就是一个低价划算的朋友圈商品推广案例，营销者能够利用商品价格吸引消费者的眼球。

图 2-19　突出商品价格实惠的朋友圈案例

2.9　把握时间——选择合适的时间推文效果更显著

　　微信营销者在朋友圈进行软文营销推广时，除了注意发布的内容以及针对的消费者群以外，选择一个合适的发布时间，也是非常重要的。一般来说，最好的选择就是在每天早上的 8 点半到 9 点半这段时间来发布软文。因为这个时间段，无论是阅读率还是转载率，一般来说都是最高的。

　　其实我们在阅读微信公众号的时候也会发现，比较正规的企业运营号，发布时间都是后台设定好了的，几乎都在早上、晚上的黄金时段或凌晨 12 点发。不过不同的平台有着不同的黄金发布时间段，下面以微信朋友圈软文的发布时间为例，进行详细的说明。

　　（1）早上 8 点到 9 点左右。新的一天开始，人们的大脑得到了充分的休息，对信息的需求量也相对要大，这是微信营销者推送信息的黄金时段。

　　这时也正好是微友们起床、吃早餐的时间，有的微友正在上班的路上、公交车上，这时候大家都喜欢拿起手机刷刷朋友圈或新闻。而在这一天开始的时间，微商、网红们发一些正能量的内容，给微友们传递正能量，让大家一天的好精神从阳光心态开始，很容易让大家记住你。

　　如图 2-20 所示的微信营销者，正是抓住了早上这个黄金时间段，发布了正能量的内容，不仅增加了朋友圈的好感度，内容还进行了最大限度的曝光，显示在页面的最上方，最容易被微友们看到。

图 2-20　微商发布的正能量内容

（2）中午 11 点半到 12 点半。这段时间大家一般进入吃饭、午休的阶段，玩手机微信的概率大大增加，所以这时候微信营销者们发一些趣味性的内容，也能引起朋友圈微友们的关注，让大家记住你、记住你的产品。如图 2-21 所示，为微商发布的朋友圈趣味信息。

图 2-21　微商发布的朋友圈趣味信息

（3）下午 5 点半到 6 点半。这段时间，正是大家下班的高峰期，这时候大家正在车上、回家的路上，刷手机的微友们也特别多，忙完一天的工作，需要通过手机来排减压力，此时微商们可以好好抓住这个时间段，来给产品做宣传，可以发布一些产品的功效，以及产品成交的信息。图 2-22 所示，为卖减肥产品的微信营销者在晚上发布的一些关于产品功效的信息。

图 2-22　卖减肥产品的微信营销者发布的产品功效信息

不同的软文营销项目和不同的产品选择的软文发布渠道可能不尽相同，商家要视情况而定，根据自身产品的情况结合软文特点整合几种形式。并且，软文的发布时间并非一成不变的，没有必要严格按照推荐时间进行发布，这样是不切合实际的。接下来就来把握微信朋友圈内容推送时间的技巧吧。

第一，依作息而定。针对不同的营销对象，微信营销者要采取不同的推送时间，由于微信里很多好友都是自己熟悉的朋友，对于朋友们的作息时间一般都能掐准，所以，很容易做到因人而异。

第二，数据分析。这一步骤是企业针对不熟悉的好友而做的，这样是为了成功地把握好友活动的时间，利用合适的时间进行微信内容推送，效果往往会事半功倍。

第三，按时发布。对于一个想要塑造品牌形象的微信营销者而言，在保证微信内容质量的同时，最好形成按时发布的习惯，这样能让用户避开那些骚扰信息，定时地去翻看企业的微信。

第四，杜绝刷屏。要根据固定的时间进行软文的推送，不要出现刷屏现象，这样只会让人产生厌烦情绪。

第五，了解社会动态。微信营销者必须随时注意社会动态，当遇上重大时事政治、社会新闻时，可以根据具体情况改变推送消息的时间。

2.10 晒单晒好评——让潜在客户不得不心动

在微信朋友圈进行营销的过程中，除了需要发布产品的图片和基本信息以外，为了让顾客信任，也可以晒一些成功的交易单或者快递单，但是有两个问题在晒单过程中必须引起我们的注意。

一是在晒单的过程中必须适度。因为微信好友们对无谓的刷屏是十分抗拒的，毕竟微信朋友圈是私人社交场所。但正如我们所知的，晒单其实是非常有必要的，微信好友们看到大量的成交量也会对产品本身产生好奇心。

二是必须在单据上显示真实的信息，不能造假。这意味着我们必须将所有的真实信息给微信好友们看，以诚信为本。在朋友圈发货单提醒，上面会显示单号和姓名，是比较真实的，如图2-23所示。在朋友圈发走单广告时，要图文并茂，并且带有聊天记录和转账记录最好，如图2-24所示。

图2-23 展示快递单号

图2-24 发走单广告

从营销角度来说，适度地晒一些交易单之类的东西，是可以刺激客户消费的。那么晒交易单究竟有什么好处呢？一是可以让买家放心；二是可以吸引其他客户的关注和购买。

一般来说，在一张照片中，微信营销者可以放上几张快递单并且将它们叠加起来再拍照，这时候卖家应该尽量将照片凑成九张，并且强调，这是一天或是两天里的货物。这样就会让其他客户觉得，这家店的商品真的是特别受欢迎，自己也想尝试一下，可以在某种程度上推动销量。

除了晒单以外,在朋友圈晒好评也是一种能打动客户的方式。一般来说,提到"好评",我们立马就会想到淘宝。淘宝购物平台上有一种特别的评价方式,叫作"淘宝卖家信用等级",每个买家在与卖家结束一份生意之后,可以给卖家打分,五分为满分。

这个分数包括商品本身是否符合商家描述;店家的服务态度;物流信息等。设计"信用等级"这种评价平台,其实是为了给第三方客户一个基本的参考。所以为了在最短的时间内得到相对来说比较高的等级,自然是需要更多的五分。

而级别越高,用户就会更加相信这家店铺,购买的人自然就越多。以至于到后来,好评究竟可不可信,已经没有多少人在意了,大家关注的重点都是有没有这个所谓的"好评"。那么微信营销者在朋友圈发文时,也可以吸取淘宝的经验,将"好评"潜移默化成客观存在的评价标准,使客户们能够相信"好评"。

可是淘宝和微信还是有一定区别的。淘宝是公共的线上店铺,客户对商家的所有评价是透明公开的、点进店铺就可以看见。可是微信不同,微信毕竟是一个相对来说隐私感比较重的私人社交平台。所以说客户给的"好评",微信营销者都应该发到朋友圈里,让所有的微信好友都能够看到。下面来看两个朋友圈晒好评的例子。

第一个例子如图2-25所示,这是两个关于玉石产品的反馈,很明显是十分直白的好评,这种方式同样也可以很轻易地影响到其他买家的决定。

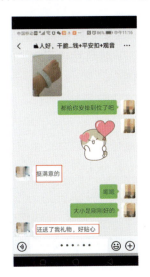

图2-25 玉石产品的好评反馈

除了直接的好评以外，作为卖家也可以加强售后，通过长期的询问交流来得出关于商品的评价信息，如图 2-26 所示。

图 2-26　跟进交流得来的好评反馈

晒好评一方面来说，是一次打广告的好机会。它利用截图或者是一切描述性的语言，来涵盖某个品牌、某个商品的信息；另一方面，它可以带来关于某种商品好的评价，让看见这条信息的人了解这个商品的好处，以及该产品为什么被人们所喜欢。

和一般的广告不同，晒好评不再是自说自话、自卖自夸。它将主动权交到客户手中，微信营销者自己变成了第三方，不干涉商品与买家之间的直接接触。这样所得来的好评，其价值要远远大于自卖自夸。

专家提醒

当然，除了坐在家中等着好评到来以外，微信营销者还应该主动出击，去利用一些小的活动，比如打折、送礼物等方式，去鼓励客户写评价。

第 3 章

10种吸睛技巧，成功获得陌生人信任

微信营销者在朋友圈进行营销活动时，由于一些不恰当的刷屏，常常会受到朋友圈好友或粉丝的排斥、屏蔽、拉黑，不但使营销活动大打折扣，还会影响与好友建立的情感。

本章主要介绍建立相互信任、打造良好的朋友圈营销氛围的各种方法，希望读者能熟练掌握本章内容。

- ▶ 多发个人照——学会用高颜值吸睛
- ▶ 呈现个人学识——让客户看到真才实学
- ▶ 展示高品位——用格调疯狂吸粉
- ▶ 发情怀内容——让用户产生共鸣
- ▶ 贴近生活——人情味的内容备受喜爱
- ▶ 分享资质——高品质的产品更有说服力
- ▶ 分享团队——有权威才能获得信任
- ▶ 分享辛苦——用拼搏精神打动用户
- ▶ 分享体验——让产品更有可信度
- ▶ 分享增员——展示实力吸引更多人加入

3.1 多发个人照——学会用高颜值吸睛

谁都喜欢美的事物，如果是帅哥美女，那么对于与陌生人的交流来说就是一把利器，通过高颜值能吸引到不少粉丝与追随者。所以，微商们在朋友圈除了发产品广告外，还要多发一些自拍照、旅行照等，身材越好越能吸引到陌生人的关注，多展示帅气、甜美的形象。

如图 3-1 所示，为某位微信营销者在朋友圈发布的视频，当受众看到这种身材好、皮肤白的高颜值图片时，都有想与她交朋友的冲动。

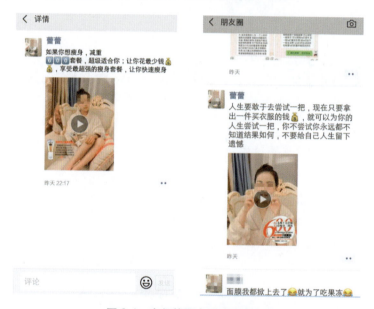

图 3-1　高颜值朋友圈发文案例

3.2 呈现个人学识——让客户看到真才实学

俗话说："光说不练，假把式。"在朋友圈中，微信营销者不仅要让客户看到你的远大理想、奋斗目标，更要让好友看到你的成功、你的努力，知道你是一个有真才实学的、能给身边的人带来益处的人。

运营者在朋友圈中可以分享一些成功的案例，可以是自己的，也可以是自己所带的团队的，还可以将朋友圈的背景墙设置成比较有学识、有知识层次的类型，具体如图 3-2 所示。

图 3-2 将朋友圈的背景墙设置成比较有学识的类型

3.3 展示高品位——用格调疯狂吸粉

一个有眼光、有品位、有格调的人，更能被人所喜欢、所追逐，有足够的人格魅力。因此，朋友圈不要发低俗不雅的信息，而要发有一定品位格调的、源于生活又高于生活的内容，让客户觉得你是一个具有高品位人格魅力的人。

如图 3-3 所示，为某位微信营销者在朋友圈发布有品位、有知识的文案。

图 3-3 在朋友圈发布有品位、有知识的文案

当然，微信营销者也需要经常去参加一些培训机构组织的培训课程，休闲之余不断地学习、充电，这样才能不断进步，同时把自己学习理解到的知识、技巧分享到朋友圈，既能给团队、代理做一个学习的榜样，又能让客户看到你的成绩、你的真才实学。

3.4 发情怀内容——让用户产生共鸣

我们不能否认的是,在朋友圈里一直打广告的营销者确实不太惹人喜欢。所以,当微信营销者执意要将广告植入他人私生活时,就应该考虑到你发布的信息是否会被他人接受这一点。好的微信营销者在日常的营销中,尽量融入一些充满个人情怀的内容,这样不仅不会引人反感,甚至会让人喜欢上他的文风,期待每天看到他发的朋友圈。如图 3-4 所示,为朋友圈中发表的关于个人情怀的信息。

图 3-4 朋友圈中发表的关于个人情怀的信息

专家提醒

微信营销者要发多一些有个人情怀的内容,因为情怀是很容易让用户产生共鸣的,同时是一个拉近与用户距离的好方法。

3.5 贴近生活——人情味的内容备受喜爱

我们不能否认的是,在朋友圈里总是发一些生硬的营销内容,确实是不太惹人喜欢的。而当一个微信营销者没有一味地刷屏打广告,而是像真正的朋友一样,会经常分享一些贴近生活、有人情味的内容,就要受欢迎得多,会使得你在朋友圈好友中脱颖而出,成为朋友圈子中的红人。

那么如何让自己的朋友圈看起来更加具有人情味儿呢?主要有三种方法,下面进行具体介绍。

第一种，多发一些与生活息息相关的内容。想要让朋友圈中处处充斥着人情味儿，晒生活是最好的加持，并且分享生活中的点点滴滴，也是最容易让别人与你产生互动的方法。比如你去某个地方旅行，拍几张当地美丽的风景图，自然会有人好奇地问你这是哪个地方、值得一去吗、有什么旅游经验值得分享。

又或是你今天做了一道菜，把照片拍好看并且稍微 PS 一下发在朋友圈里，也会有人来问这道菜难做吗、需要哪些基本材料、做菜的步骤大概是怎样的等，一些可以细聊的问题。

这样关于生活的对话，一来二去就可以和朋友圈中的一些好友保持友好的关系，同样也多了一些聊天话题。如图 3-5 所示，是一位微信营销者发的朋友圈，分享了自己旅游和健身的一些感悟。虽然这只是一丁点儿生活的水珠，但也可以在他人心中荡起涟漪，让微信好友们感受到他的生活态度，这就是"人情味儿"。

图 3-5 分享旅游、健身感悟的朋友圈

第二种，在发布新商品时，开展赠送活动。这一行为不仅可以起到宣传新商品的作用，激起微信好友们的热情、聚集人气，还能显现出对用户的人情味儿来。

如图 3-6 所示，正是免费赠送商品的朋友圈。当然，赠送东西也是有限额的，一般可以采取"点赞"的方式，取前十名或者前二十名，这样相对来说比较公正、透明。

图 3-6 免费赠送商品的朋友圈

第三种，将微信好友们当作亲人对待。很多时候，能够发出有人情味儿朋友圈的前提，就是将受众当作亲人或者是挚友，所发布的朋友圈内容也尽量能够对对方有一定的帮助作用。如图 3-7 所示，这位微信营销者发了个朋友圈感谢自己的老顾客，充满了家人般的温暖。

图 3-7 一位用户的朋友圈

从营销角度来说，增加朋友圈的人情味儿可能不会对销售起到直接推动的作用，但成功的营销不可能一蹴而就，任何细节上的铺垫都不应该被忽视。其实，能够在微信众多好友中，与百分之七十的人建立一个相对来说友好且互相尊重的关系，离成功的营销就不远了。

3.6 分享资质——高品质的产品更有说服力

相同种类的产品，售卖的肯定不止你一家，怎么让客户相信你、购买你的产品呢？首先，微信营销者做的是可持续性的、长久的，那么就要保障产品品质，有口碑，才能带来销量。

最好把对自家产品相关的新闻、明星代言、质检合格证明等信息分享至朋友圈中，有图有真相，才更有说服力，如图 3-8 所示。

图 3-8　微商在朋友圈分享质检合格的文案

3.7 分享团队——有权威才能获得信任

现如今，在朋友圈做营销从来都不是一个人，其背后还有一个庞大的团队，团队是微信营销者最坚实的后盾，只有团结互助才能促进团队的强大，团队越强大，在微信营销的道路上会走得越长久。

在朋友圈中分享自己的团队、分享团队培训和上课等一系列活动的照片，让客户知道，你并不是一个人，你所从事的事业和销售的产品都是有一定权威性的，是有团队一起经营的,如图3-9所示。

图3-9 朋友圈中分享自己的团队

3.8 分享辛苦——用拼搏精神打动用户

在大多数人眼里,在朋友圈做营销很轻松,不用早起上班打卡,坐在家里一边看着电视一边吃着零食、一边带小孩一边敷面膜,跟客户一边聊天一边卖产品,在朋友圈发几条产品信息,一边还跟团队出去吃喝玩乐等。

似乎在朋友圈做营销就是很光鲜靓丽的,既有钱赚又轻松。却很少有人知道,微信营销者背后的努力和付出,经常因为家人的不理解而受到责备;跟团队培训学习到凌晨一两点;从到上级那里拿产品、给产品拍照片、修照片、发朋友圈、带代理培训等基本都要做。

在朋友圈营销的过程中,平时除了在朋友圈中发产品的图片和产品信息之外,微信营销者还可以偶尔跟客户诉诉苦,将自己拿货、发货、深夜上课培训的照片分享在朋友圈中,让客户看到一个努力认真为这份事业打拼的人,在向客户展现认真工作的态度的同时,赢得客户的信任。

微信营销者需要经常在朋友圈中分享自己辛苦工作的历程与情景,让人感到你很上进,多分享一些辛苦工作的图文,更加具有说服力。如图3-10所示,为微信营销者分享辛苦工作的朋友圈图文,当受众看到这些内容时,很容易就会在心疼的同时,产生信任感。

图 3-10　分享辛苦工作的朋友圈发文

其实生活不仅有辛苦，还有着为梦想奋斗的无限激情，想要得到客户对你的认可，还要有可以激励人心的感染力。微信营销者还可以在朋友圈中分享自己或团队积极乐观、拼搏上进的有激情的内容，在分享朋友圈的时候，切记不要发一些相对来说比较消极、负能量的东西。

在这个繁忙的社会，工作一天的微信好友们好不容易能够抽出一点时间翻看朋友圈，肯定是希望能够有一个相对轻松和愉悦环境的。在这种情况下，消极的情绪是不讨他人喜欢的。偶尔一两次也就算了，如果次数多了可能会引起他人的反感，进而拉黑或屏蔽你。

所以说，用户们与其将朋友圈当作私人社交平台，不如将它当作工作场所，一丝不苟地去对待你的客户、给他们最得体的言行和情绪。在朋友圈中，我们最好能够发布一些正能量的内容，让人觉得积极向上，感受到你个人的热情与温暖。

那么，我们应该要如何让客户感受到我们的正能量呢？一般有两种模式，下面为大家详细分析一下这两种模式的具体内容。

1. 有原创的内容，用自己的故事

"我"最近经历了一些什么样的事情，得到了哪些感受，从中学到了什么东西，将来会如何具体地实行这个想法等内容。一般这种文章不宜过长，不然对方不愿意读下去，而且对语言文字功底的要求会略高，否则这种题材一言不合就容易写成鸡汤文。所以，微信营销者平日里除了要学习营销经验以外，还要多多阅读与积累。

当然，除了"感受"这种相对来说比较抽象的东西以外，我们还可以将最近学会或有所进步的某个技能编进文字里面。这样比起单纯文字上的能量来说，更加能够激励到朋友圈中的好友，并且还能提高他人对你的评价与看法。

原创正能量的朋友圈如图3-11所示，这位微信营销者不仅会发布正能量的朋友圈，连个性签名都是比较正能量的文字，看上去很有感染力，如图3-12所示。

图3-11　原创正能量的朋友圈

图3-12　正能量的个性签名

2. 从公众号中得到的美文

当然，这类文章要是出自用户自己企业、公司公众号的话更好，因为它除了可以为朋友圈营造正能量情绪以外，还能潜移默化地宣传一波自己的企业，一举两得。如图3-13所示，为转载的公众号中正能量的文章。

> **专家提醒**
>
> 　　转载的内容也需要注意，不要太心灵鸡汤。按照现下的趋势，最好能与中国传统文化挂钩，但内容的选取也要注意不要太深奥。这样既能起到激励人心的作用，又能让人觉得你博学多才。
>
> 　　还有一点需要注意的是，对于一部分人来说，心灵鸡汤在他们心中几乎等同于负能量信息一样惹人讨厌。如果实在要发，记得灵活运用朋友圈的限定查看功能。

图 3-13 转载正能量的文章发朋友圈

3.9 分享体验——让产品更有可信度

这里的体验,是指使用产品或体验服务后的效果,在朋友圈中多分享产品的体验效果,并截图发朋友圈,可以增加一定的可信度。

微信营销者可以将自己使用产品时的过程拍照或拍个小视频分享到朋友圈中,还可以分享其他客户使用前后的对比效果,引导客户购买产品或服务,客户使用过后的体验如果与你描述的一致,就会促使他们再次购买你的产品或服务。

如图 3-14 所示,为销售减肥产品的微信营销者分享的朋友圈,便是通过体验和效果的展示,增强服务效果的说服力,增加潜在客户的信任度。

图 3-14 在朋友圈分享体验和效果

3.10 分享增员——展示实力吸引更多人加入

俗话说得好:"耳听为虚,眼见为实。"要想在朋友圈吸引更多的人加入你的团队,跟着你一起做事,即使在朋友圈说得再天花乱坠、再厉害、再成功,人家顶多也只信你三分。

所以,微信营销者需要经常在朋友圈中分享新进的代理名单、合照、与新代理加入团队时的聊天记录截图等,让原本还在观望状态的、有意向的客户或朋友圈好友下定决心,加入你的团队。

如图 3-15 所示,为某微信营销在朋友圈分享的团队新成员加入的内容,这样一来,客户看到之后就会觉得该营销者的团队吸引这么多人加入,应该是非常有实力的。

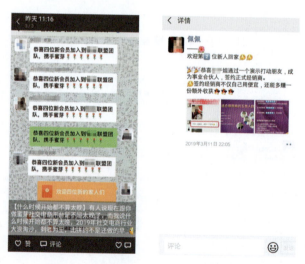

图 3-15 朋友圈中分享加入团队的新成员

第 4 章

10种关系营销，成功拥有高黏度客户

在营销过程中，永远都要遵循"客户第一"的原则。微信营销者应该努力与自己的客户搞好关系，留住客源，不断壮大客户群体，这样才能提高产品销量。本章将介绍多种关系营销方案来为品牌的长远发展提供无限的动力。

- ▶ 已添加好友——维护并挖掘出潜在价值
- ▶ 情感营销——满足用户心理需求
- ▶ 重视反馈——让用户不再有抱怨
- ▶ 加强互动——培养稳固的用户关系
- ▶ 设置体验——消除用户的不信任感
- ▶ 持续跟进——长期有效地留住用户
- ▶ 售后问题——用户投诉完美解决
- ▶ 定期回访——吸引客户重复购买
- ▶ 听取建议——不断进步获得成功
- ▶ 客户流失——分析原因，提供精准服务

4.1 已添加好友——维护并挖掘出潜在价值

在前面我们分析了一些吸粉的方式。很多微信营销者可能会将重点放在如何发掘新客户、怎样让购买潜力变为实际购买力的问题上，却忽略了对已添加客户关系的维护与发展，使得很多潜在客户大量流失。

虽然通过不断地宣传与推广，店铺可以增长不少的粉丝数量，可微信营销者必须意识到的是，现有粉丝的数量也可能会大大减少。这样下去，整个营销过程只会陷入恶性循环当中，不仅对销售业绩没有任何好处，还有可能因为要支出大量的推广费用而造成一部分的损失。长此以往，企业与个人的长期发展也会受到影响。

所以，为了维持生意的长远发展，微信营销者在不断发展新用户的同时，一定要注重与已添加的微信好友之间的关系，不断挖掘他们的潜在价值，拉动店铺的销售总量。想要达成这一目的，我们应该培养和维护好与老客户之间的关系，多与他们在朋友圈里互动，多去关心、问候他们，与这些客户建立比较稳定且良好的关系。

换句话说，在销售产品之前商户们最好不要将他们当作"客户"，而应该当作"朋友"。不要总想着推销产品，更应该让他们感受到人性化的温暖。只有这样，对方才愿意接受你的推荐、愿意信任你。当赢得了客户信任，才能迈出成功的第一步。

那么我们要如何为客户提高温暖的人性化服务呢？具体有四种方法，下面为大家进行详细介绍。

1. 永远站在客户角度想问题

当微信营销者在给用户推荐产品时，一定要站在他们的角度思考一下，这个产品他们是不是真的需要？如何能够为他们寻找一个价格最低的搭配方式？只有将心比心才能得到购买者的信任，拉动产品的销量，才能为营销的长远计划打下一个良好客户关系的基础。

反之，如果微信营销者只是一味地为了赚取眼前的利润而不顾客户的感受，让他们花上一大笔冤枉钱，去购买一些对他们来说根本无用的东西，这种行为往往会导致顾客不再信任你，并且不再继续购买这家的产品。更糟糕的是，如同"好事不出门，坏事传千里"的理念一样，一个服务态度不好的微信营销者往往会以"以一传百"的速度迅速沾染上坏名声。那个时候，失去的就不仅仅是某一个客户了。这种做法实在是得不偿失，应该尽量避免。

2．适当给予客户优惠政策

每一个客户，不管他是新客户还是老客户，都是企业或个人盈利的来源。为了保证这个源头可以帮助自己的运营生生不息，微信营销者也应该想尽办法给对方一些好处，让他们觉得选择是正确的。

3．经常对客户表示关心

感情是需要交流的，两个老朋友很久不联系再见面可能会有些许尴尬，想聊天也没有共同的话题。所以说，想要维持一段感情，"交流"是最好的武器。这个经验同样适用于营销当中。

微信营销者可以多多和用户们交流，平时多关注好友们的动向，及时献上各种祝福或关心。在整理客户信息的时候，记下各位客户的生日，当天发一些祝福信息甚至是一个小小的红包，都会让人倍感欢喜。

其实人类都是敏感的动物，他们在外拼搏劳累每天都要碰上很多烦心事，亲人和朋友没有陪在身边甚至日渐疏远。在这种时候，收到来自陌生人的善意会让他们感到如沐春风，自然就会与微信营销者拉近距离。

4．及时解决客户反映的问题

售前咨询和售后服务，是决定客户"要不要来这家购买产品"和"以后还要不要再次光临"这两大问题的直接影响因素。在此之中，速度和态度是衡量客户能力的两大判定标准。

微信营销者一定要有充足的时间，尽量保证自己能够24小时在线，任何时候都能迅速地为客人解决问题。如果临时有急事不能与客人沟通，上线后一定要第一时间与对方取得联系，并且解释推迟回复的原因。

并且在为对方解答疑惑的过程中，微信营销者可能会碰上各种性格不同的客人，有些甚至还很难缠。但无论如何都应该保持温和理智的态度，使对方不仅解决了问题，还倍感温暖。

如今的社会，客人们已经不再满足于产品本身所带来的喜悦了，他们开始注重自己的精神层次，有没有被尊重、被温柔对待。所以微信营销者在经营过程中不仅需要注重产品的质量，也应该让客户感受到店铺的人性化，让他们在精神层面得到满足。

4.2 情感营销——满足用户心理需求

在进行朋友圈营销的过程中,如果只是循规蹈矩地发一些无趣的广告内容,肯定是没有几个人愿意看的,但是如果我们能将广告内容加以修改,添加一些可以吸引人眼球的元素,说不定就能够让顾客们抽出一些时间来读完整个广告。

一般来说,最能够引起群众注目的话题自然就是"感情"。用各种能够触及对方心灵的句子或是内容来吸引别人,也就是所谓的"情感营销"。

因为在现如今这个社会,由于物质生活的不断丰富,群众在购买产品时开始并不那么看重产品本身的质量与价格了。大家更多的是在追求一种精神层面上的满足,一种心理认同感。情感营销正是利用了群众这一心理,对症下药,将情感融入营销当中,唤起购物者的共鸣与需求,把"营销"这种冰冷的买卖行为,变得更有血有肉起来。

如图4-1所示,是一位微信营销者在朋友圈推出的关于母亲节的活动。她并没有在节日这天进行产品销售,而是借用母亲节活动加强了与微信好友的互动,只要分享母亲佩戴产品的图片,就有机会领到红包。

这一方法看似没有销售产品,却潜移默化地将产品扎根在了客户的脑海里,而且也增强了客户黏度。

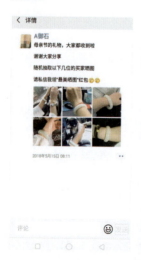

图4-1 母亲节的情感营销

还有另外一个例子。如图4-2所示,这是一个关于牛奶的广告。广告一开头,这位营销者就提出了喝饮料不健康。这种类型的开头对身为家长、家里有小朋友的客户有致命吸引力的。所有对孩子不好的东西，做父母的都会主动去了解。

接着这个问题之后，这位商户就开始抛出了饮料的替代物，也就是她家的牛奶，向对方客户灌输牛奶的健康性，并且让客户在脑子里产生了一种"饮料的替代物只有牛奶"的错觉，吸引关心孩子的家长购买。

专家提醒

在朋友圈营销中，微信营销者应该抓住客户们对情感的需求。任何形式的、能够感动人心的细节方面的内容，都可能会触动到不同客户的心灵。除了亲情这种比较典型的情感营销以外，一些关于人性温暖的情感内容也可以打动客户。

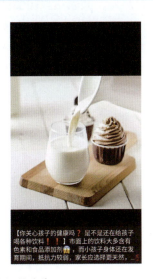

图 4-2　牛奶的广告

4.3　重视反馈——让用户不再有抱怨

在营销过程中，由于微信好友的庞大数量，以及工作强度的日渐增加，经营当中难免会遇到一些大大小小的问题。在这种情况下，微信营销者受到用户的抱怨也是在所难免的，一般客户会抱怨的内容有四个，微信营销者可以参考。

第一，快递太慢了。

第二，产品效果不明显或是其他过敏症状。

第三，服务态度不好、信息回复不及时。

第四，产品价格与质量不符。

在这种情况下，微信营销者应该要重视客户的每一次反馈，并且用心倾听他们所提出的问题与建议，这些问题能不能得到系统地解答和解决，是决定客户是否要继续信任这家店铺的基本评价标准。

所以商户们应该要认真对待客户的每一次反馈，并将这些内容分门别类，具体问题具体分析，仔细地去解决所有的意见。在处理反馈信息中，下面这位微信营销者就处理得很得当，如图4-3所示。

一旦微信营销者没有将客户提出的问题处理得当，或是压根儿就没当作一回事儿，这样的情况就会使得店铺损失一部分客户。星星之火，可以燎原，总是因为忽略问题而损失客人，最后生意自然就只能以失败告终了。

所以为了防止这种场面的出现，微信营销者应该从源头制止各种让客户不满意的问题，比如有不少客户抱怨了回复信息不及时这一问题，那么微信营销者就要将及时回复客户信息作为需要重点改进的问题。

图4-3 对反馈信息作出的解答

4.4 加强互动——培养稳固的用户关系

在朋友圈营销中，为了与微信好友们培养一个比较稳固的关系，微信营销者们要尽量多多与好友进行互动。想要在朋友圈赢得好友的好感，增加信任感，就需要多提升自己的存在感，关心自己的核心好友，点赞加评论是最有效的方法之一。

利用微信点赞方式让好友记住自己，还能得到被好友关注的机会，微信点赞维持关系的原理是：先付出，再回报。

看到朋友圈好友聚会很开心，评论一下，与好友分享快乐；看到好友发了看电影的状态，微信营销者可以评论一下，还可以讨论剧情，有利于互动交流；看到好友晒体重的，长胖了的、太瘦了的，可以评论关心一下；还有看到朋友圈发表对于未来的期待和自我激励的状态时，要及时地点个赞，表示对好友的支持和鼓励，好友看到了也会觉得欣慰。

微信营销者可以通过这种互相分享喜悦和难过的方式，逐渐与朋友圈的好友有一个稳固的关系，使双方成为无话不谈的好友，并且还为店铺未来的发展打下了坚实的基础。

4.5　设置体验——消除用户的不信任感

很多时候，顾客不愿意购买微信营销者所推荐的产品，主要是因为不信任，对微信营销者所描述的内容持有怀疑态度。而当对方不相信你所说的一切的时候，就算讲到口干舌燥对方还是不会相信。

那么这个时候，我们到底要怎样做才能让客户不再怀疑，进而相信所有的描述呢？那当然是直接拿出实质的物品来取代空洞的词汇——用产品本身的功效来证明产品描述的正确性。准确地说，就是增强客户的体验感。那么如何增强客户的体验感呢？直接拿实体店来举例子吧。如图4-4所示，这是一家手机体验店。

图 4-4　手机体验店

这种店铺直接将产品陈列出来，并且每个型号的手机都会挑选一个，让进店选购的买家试用。手机功效的确是一个很抽象的概念，因为人们无法想象"超高清像素""声音立体""触感灵敏"是什么概念，但是当他们试用过后，自然直觉上就会出现一个相对主观的想法，好还是不好他们心里也很清楚了。

其实不只手机体验店，现在市面上各色体验店越来越多，因为人们比起听取抽象概念，他们更愿意相信自己主观的感受。这种体验式的店铺除了能让顾客了解功效、打消顾虑以外还有什么别的好处吗？当然有，那就是增加顾客的体验感。一是增加产品使用的体验感；二是增加购物的体验感。

当然，微信朋友圈的营销没有办法制造出购物的体验感，这点非常遗憾。但是微信营销者可以试着增加产品使用的体验感。对于类似于护肤品、化妆品、零食等可以拆分的产品，增加用户的体验感还是比较简单的，直接送对方一些产品的小样，让他们先感受一下功效，如果好用，他们自然会选择购买。

而那种相对来说比较大件的产品，特别是电子产品能不能体验呢？其实也可以。但最好是针对诚信意识比较重的、购买希望比较大的客户，让对方交一定的押金，把产品寄给对方让他们感受一番。

4.6 持续跟进——长期有效地留住用户

任何微信营销者都应该要记住，自己做的是长期营销而不是短期推销，不能存在"卖完东西拍拍灰就走"的想法。

营销要做的就是不断地积累新客户、发展老客户，使店铺内的生意长期发展。当然，在销售过程中，微信营销者也可能会遇见不太想要购买产品的客户，对于这种人，也不能置之不理，而是应该循序渐进地引导对方，去和他发展关系，慢慢地将对方拉入生意圈中。

所以说对任何形式的顾客都应该做到持续跟踪，只有这样，才能让对方感受到我们的诚意，被我们长期地留下来。那么如何才能做到有效地跟踪呢？具体有三种方法，下面进行详细介绍。

1. 独辟蹊径寻找跟踪方式

一般的跟踪方式每个微信营销者都知道，如何从这些人中间脱颖而出，是微信营销者必须思考的问题。因为只有"不一样"，才能让对方对你留下深刻的印象。

比如别人都用微信跟踪,每一次都给对方发上一小段文字,客客气气地提问,那我们就可以试着写一封信与客户进行交谈。手写的文字无论如何都要比键盘上敲打出的标准字体更让人感兴趣,也更能让人投入心思去读、去回复。

因为所有人都知道,写一封信并不是那么轻易的,它可能要耗费写信人不少的心力与时间。大部分人都会尊重写信者的心情与劳动成果,自然就会认真地与营销者沟通交谈,而不是随意敷衍。

2．找一个合适的理由

在跟踪的过程中,微信营销者每一次与顾客交谈之前,都需要有一个合适的主题开始对话。如果只是选择一味地去推销产品,上来就给客户介绍新产品,询问他们要不要购买等,对方恐怕连一个最基本的回复都不愿意给。

所以一般来说,微信营销最好去选择一个避无可避的话题,开始这段对话,然后在慢慢地将话题导向别的方向。可行的话题还是很多的,比如询问对方对公司客服的看法、对产品的意见等。

3．注意跟踪的时间间隔

跟踪客户的时间间隔也是一个需要仔细思考的内容。因为时间间隔太短会让人厌烦,间隔太长又容易让对方忘记你的存在。一般来说,2～3个星期进行一次跟踪调查是最明智的选择。

专家提醒

在每次跟踪调查时,都不要显露出太强烈的销售欲望。必须明确,跟踪的主要目的还是帮助客户解答关于企业与产品的问题。甚至是去了解客户,摸清楚他们真正想要的,从而为他们创造价值。

平均来说,每三次跟踪才能成交一笔生意,所以微信营销者在跟踪过程中,一定要有耐心,尽量不要随意放弃每一位客户。除了一直要坚持跟踪客户以外,还必须弄清楚在跟踪用户全过程必须注意的事项,主要有以下三个方面。

1．记录沟通情况

微信营销者每次在与客户沟通完毕后,都应该记录好所有的情况,比如沟通的具体时间、沟通的次数、沟通的内容、顾客的具体情况等,方便下一次与客户沟通，也不会因为顾客太多而弄混了信息。

2．写"感谢信"

新客户在购买产品时，微信营销者可以随产品带一封亲手写的"感谢信"，以此来表达对客户的谢意，也能让对方感受到自己的诚意。

3．写信邀请购物

当发现有些客户很长时间没有来店内购买产品时，可以选择给对方写一封信邀请他们重新光顾店铺。可以在信中附上店铺内新上的多种产品，并且强调一定会给对方最优惠的政策。

4.7 售后问题——用户投诉完美解决

售后服务是产品售卖过程中非常重要的一步，这一步有没有做好直接关系到客户的重购率。为了让对产品有售后问题的客户能够快速地进行投诉，微信营销者最好能够开设一个"快速接受投诉问题"的渠道，比如专门用来投诉的一个电话号码，24小时开机，随时随地能够接受到来自客户的异议。

除了接受投诉时要快以外，处理客户问题的速度一定也要快。客户是不会等人的，一旦他认为售后服务不到位，就可能立马换一家店铺，去购买其他品牌的产品，所以微信营销者只要接到投诉，就一定要以最快的速度处理。一般来说，售后问题主要是有三个，分别是：第一，产品质量问题；第二，错发；第三，漏发。下面针对这三个问题，提出解决方案。

1．产品本身质量问题

其实准确来说，产品质量问题有大有小，应该分类对待。如果售卖的产品是化妆品、保健品等一些内服外用的产品，那质量问题就必然引起用户强烈的重视，一旦出现问题，所有的产品都要全部给顾客换掉或是退款，甚至进行赔偿。无论如何都必须使顾客满意，不然以后的生意将会受到很大冲击。

如果产品是衣服或是小型家具等，情况就会缓和一些。微信营销者可以询问到底是哪方面的问题，如果只是一些小细节，比如衣服纽扣不紧、组装柜的螺丝有些松等，这种情况就可以和对方协商，能不能返给他们一些钱，然后顾客自己动手处理一下，如果遭到拒绝再商量退货的事情也不迟。

2. 错发

错发问题一般比较好处理，如果对方客户喜欢，那补个差价就不用换了，如果对方并不满意那就退货重发。

3. 漏发

漏发一般有两种处理方式：补款或补货。这就需要微信营销者和客户好好沟通，看看哪种方式对方更能够接受。但无论是出于什么原因需要售后服务，微信营销者都必须严格遵守一个原则，那就是——耐心。

如果碰上脾气火爆一些的顾客可能比较冲动，这个时候一定要想尽办法安抚对方，甚至是给对方一些补偿。无论如何，永远都不要得罪客户，尽量留住每一位客户。

4.8 定期回访——吸引客户重复购买

虽然产品本身的质量是影响产品销量的关键，可优质的服务质量也同样是不容小觑的重要因素。幸运的是，现在很多微信营销商家也意识到了服务的重要性，纷纷开始重视这一点。

可是还是有一大部分人，在这方面陷入了一个误区，主要是将重点放在售前服务上，重视前来询问产品信息的客人，很有耐心地为他们讲解企业与产品方面的知识。但是一旦顾客付款过后，就觉得自己的任务到此就结束了，接下来对售后什么的也就不太上心，更别说跟踪调查了。

很明显这种行为有很大问题。因为"营销"和"推销"是两个完全不同的概念，在朋友圈做的销售是营销，这就证明，货物交易只是中间的一个产业链，仅此而已。这就意味着，真正聪明的营销者，不仅会重视售前服务，对售后也是抱有同样上心的态度的。

售后其实是一个很大的模块，它包含很多内容，我们平时最熟悉的应该就是维修期内的售后服务。可是远远不止这些，现在要讲的对顾客进行定期回访、收集反馈建议，也是非常重要的售后工作。而微信营销者必须意识到的是，这小小的一部分内容，在很大程度上决定了能不能够将顾客培养成"回头客"。

在回访之前需要做足准备工作，这些准备工作具体有四个：第一，明确回访目的；第二，确认回访对象；第三，安排准确的回访时间；第四，选择回访方式。

当商家做好这些准备后，就可以着手开始回访了。下面为大家介绍在回访时需要调查的四个事项。

1．产品的使用状况

正如我们所知，产品的质量好坏是一个企业存活与否的根本条件。顾客觉得这次买的东西好用，他可能会选择回购，下次再接着到同一家店里买东西。如果他觉得不好，他可能会对整个企业的印象都不好，那么该企业旗下所有的产品他都不会再购买第二次。在这种情况下，顾客就会选择别的公司。

这时，如果企业可以对客户进行访问的话，就能知道他们不满意的原因和产品本身所存在的不足。在这种情况下，微信营销者应该尽快拿出解决措施，来极力挽留对产品存在不满情绪的客户。哪怕没有留住这位客户，至少也能知道产品的问题出在哪里，下一次继续改进与完善，才能使企业长远发展。

2．买家对服务是否满意

除了产品本身的质量以外，客户对营销者服务态度满意与否，也决定了他是否会选择下次继续购买。

通过回访时的沟通，微信营销者可以了解顾客对服务的满意程度。一般来说，服务不仅包含售前售后，甚至还应该包括快递情况等。在了解了这些让人不满的情况之后，微信营销者应该尽快改正并向客户作出适当的解释，甚至是给对方一些补偿，比如发给对方一些代金券，下一次购物时可以使用。这样不仅能够平息顾客的不满程度，还能把对方发展成老客户。

3．客户的建议与要求

如果客户对产品质量比较满意，对服务也没有太大的异议，微信营销者还可以询问一下对方有没有什么建议与要求。比如说客户有没有什么别的非常需要的产品，或是觉得产品包装还可以更加完善一下诸如此类的问题。

如果顾客有建议反馈，微信营销者应该欣然接受并且去完善问题。让对方感受到他的建议是真的被尊重、被听取了。也可以在一定程度上增加回头客的数量。最重要的是，还可以使店铺本身不断地进步与完善。

4．顾客重复购买的次数

当微信营销者发现自家店铺中有些货物滞销不动时，就应该去查询一下所有购买过此件产品的顾客名单，是否有再次购买的行为。如果几乎没有，那么就必须意识到，肯定是这个货物本身有些问题。这时就应该打电话或发微信，去询问用过这件产品的买家，到底是什么问题导致他们对这件产品不满。

一旦意识到可能是质量方面的问题，就应该尽快将货品下架并且向购买过此产品的顾客道歉，甚至是作出一些补偿，并向他们推荐别的产品。同样的，如果发现某件产品重复购买次数特别高，就应该多多囤货以免供不应求。

无论如何，定期回访都是每个营销者必须要做的事情。它会直接影响回头客的数量和店铺的长久发展。

4.9 听取建议——不断进步获得成功

在微信朋友圈营销中，微信好友便是我们的客户。好友越多，客户就越多，订单也越多。想要成功地在微信朋友圈中经营下去，微信好友们便是支撑个人店铺发展的全部力量。其实客户不仅仅只是店铺的购买力量，同样也是宣传力量，甚至是微信营销者进行店铺改进的最大建议群体。

我们应该不断地挖掘这些客户们的价值，听取他们的建议，不断地完善整个经营过程，甚至最终形成自己的特色，吸引更多的客户与关注。客户的建议对于店铺来说，真的十分重要。因为他们可以站在消费者的角度来告诉企业，顾客真正需要的到底是什么，企业又还欠缺些什么，有哪些没有做到位的。这些意见，对企业的建设与发展十分重要，所以各位营销者必须给予重视。

微信营销者在面对客户的建议时，有三个原则是必须遵守的，下面对这三个原则进行详细介绍。

1. 鼓励客户提出建议

其实让人提建议就像是课堂上老师让学生提问题一样，很难碰上真正愿意主动的人。一方面是大家怕麻烦，提了意见可能会被一直叨扰，问很多关于这方面的问题，烦不胜烦；另一方面则是害怕营销者觉得这个建议没有什么用，直接否认会伤到自己的自尊心。所以营销者要是能遇上愿意主动提建议的客户，那肯定是求之不得的。

这个时候就需要微信营销者自己主动一点，去鼓励买家提出一些不满意或是他觉得还不够完善的地方，主动向对方表明一定会重视他所提出来的意见。甚至可以用资金进行鼓舞。给那些提出好建议的顾客优惠政策或是发代金券。很多时候，有偿得到的信息会比无偿的更加有价值。

2. 认真听取客户的建议

一旦顾客们愿意提建议了，微信营销者要做的就是认真记录这些信息，表明自己对这些信息的重视程度，决不能随意敷衍顾客，不然不仅得不到有效的建议，反而还有可能因为表现出来的不尊重，进而失去一些客户。

建议听取完毕之后，还应该深入分析形成这个问题的原因是什么，应该如何做才能解决这个问题，得出具体的实施方案来。

3. 完善与落实客户的建议

如果收集建议之后不立马去落实它，那么听取建议的过程就白白浪费了，花掉的时间没有任何意义，店铺也不会有任何进步。甚至当有些客户发现自己的建议没有被重视和实施的时候，可能会失去以后所有来自购物者的建议。

所以说，微信营销者在听取建议之后，一定要迅速总结出解决方案，并且以最快的速度落实它们。争取在最短的时间内让顾客看到变化，增强客户的信任度与好感度，从而拉动销量与人气。

综上所述，能够正确听取与对待客户建议的微信营销者，成功指日可待。

4.10 客户流失——分析原因，提供精准服务

在微信朋友圈营销中，有一种营销理念是和任何一种市场营销一模一样的，那就是客户永远是第一位。所有营销者都要建立起自己的客户档案，来管理每一位客户，尽量做到针对每一位客户进行一对一的服务，只有这种精细的服务方式，才能不断拉动销售量的增长。

对于原来未曾建立起客户档案的微信营销者，有时候可能会遇到一些微信好友并没有减少可购买量却忽然下降的情况。一般这个时候，只要查一下购买记录便一清二楚了，简单来说，造成这种情况的原因就是客户流失，在这种情况下，微信营销者应该沉下心来，好好反思一下客户流失的原因，一般来说客户流失的原因有四个，下面进行详细介绍。

1. 客户对产品有认识错误

客户对产品有认识错误，简而言之就是顾客把产品功效想得太好了，想象中

的效果远比它本身的功效好得多。一旦他们发现产品并没有达到他们的期望值，就会选择放弃这种产品，下次不再购买。

一般来说，卖保健品和护肤品的营销者最容易遭受到这样的误解。因为这两种类型的产品都是必须长期使用才会显现出功效的，而广告又总需要突出功效，所以容易给人"造假"的使用感受。

这种情况下，微信营销者应该立即联系客户，向他们探听是否由于这个原因而放弃再次购买此产品。并且对客户作出专业方面的解释，帮助客户走出误区，让他明白这并不是产品本身的问题，尽量让客户重新相信自己。

当然，为了能够在向客户解释时尽量专业一些，微信营销者本人也需要不断地学习与提高，努力去掌握专业知识，为客户解忧答惑。

2．客户不满产品的质量

当微信营销者在调查产品售卖情况时，发现某一种产品的销量几乎没有变化，而且原来购买过此产品的所有客户也都没有复购行为，这时应该想想，是不是产品本身质量有问题了。

为了解答这个疑惑，微信营销者应该主动联系客户，向对方询问不再购买的原因。一旦发现是质量问题，就应该立即作出针对措施，将产品下架，对客户作出补偿措施，并且引导他们购买别的同类产品。

3．客户不满商家的服务态度

客人不再重新购买某家店铺的产品还有一个可能，那就是因为对方服务态度不好，让他们感觉没有受到应有的尊重。微信营销者要搞清楚的是，现在市场上各色店铺鳞次栉比，客户如果不满意某家企业换一家便是，几乎不会存在求大于供的可能。

现在是客户的市场，争取到了客户才算争取到了市场，所以微信营销者一定要向自己的客户提供最优质的服务。当经过调查发现客户不再光临的原因是服务时，微信营销者必须好好地反省自己到底是哪里做得不够好，让客户觉得不满意了，然后再努力改进，争取不再犯同样的错误。

4．忘记购买

当然，顾客不再反复购买的原因也不一定就都是微信营销者本身的问题，也有可能是因为客户太忙了，所以忘记了这件事。所以，微信营销者在查看用户记录时，发现某个客户的某件产品使用周期快到了，就应该立马给对方发微信或是打电话，提醒他需要重新购买产品了。这样不仅可以为客户提供便利，也会让对方感受到被关心的感觉，进一步提高这些客户对店铺的忠诚度。

由以上这些原因可以看出，微信营销者做好客户信息管理的重要性，也能够看出来，经营好自己的生意确实任重道远，这就要求微信营销者不断反省、不断提高，为生意的长远发展而努力奋斗。

第 5 章

8 种让利策略,迅速提高产品成交率

中国有一句古话叫作"舍不得孩子套不着狼",意思就是在处理问题的过程中,必须要有付出成本的概念,才能获得收益。营销也是如此,微信营销者若想赢得客户的信任,就必须作出让利行为。本章将介绍多种让利方式,帮助商家们通过"舍"赚取"得"。

▶ 客户利益——激发购买欲的突破口
▶ 产品价值——塑造好价值就有高收益
▶ 赠送产品——让顾客无法拒绝
▶ 促销活动——增加产品的销量
▶ 制造稀缺——让顾客产生紧张感
▶ 会员制度——可获得忠实客户
▶ 羊群效应——拉动产品的整体销量
▶ 发展下线——拓展更大的销售空间

5.1 客户利益——激发购买欲的突破口

在营销过程当中，为了使对方愿意购买自己所推出的商品，微信营销者需要花大把的时间和精力来激发客户购买欲。一般想要激发客户的购买欲，有以下几种方法。

第一，让客户认识企业或商家。

第二，认识到他们自己的需求。

第三，了解如何满足他们的需求。

第四，了解提供的产品或服务。

第五，了解从购买的商品或服务中能获得的利益。

在激发客户购买欲方面，企业或商家首先应该要做的是接近客户，只有这样，才能在了解对方需求和购买力的基础上，最大限度地激发客户的购买欲。除了上述方法外，在微信朋友圈营销过程中，更重要的是从所推出的产品或服务能够客户带来的利益这一点着手进行介绍，一切以"客户利益"这一中心点出发，针对商品或服务做相应信息推送。

而客户重视的利益，也就是指产品的安全性、经济实用性以及能够给产品带来的效益。也就是说，在"客户利益"这一点上，微信营销者应该重点强调商品的安全性能、是否经济实用、能否给用户带来效益等。从客户所得利益出发，不断地为客户分析他们所能从商品本身得到的好处，这样才能激发客户的购买欲望。

当然，在营销过程中，微信营销者也可以与对手的产品进行对比分析，让客户看到自家商品的优点。不过，在根据事实所得数据进行比较中，不能抨击竞争对手，这是不可取的。

5.2 产品价值——塑造好价值就有高收益

在营销过程中，微信营销者必须意识到，我们所销售的，看似是商品这个实体，实则售卖的是产品本身所存在的价值。所以，在向顾客推销某些商品的时候，应该仔细询问用户本身的情况，选择一个正确的切入点来推销自己的商品。

举一个例子，一家人去家具市场购买窗帘，一名销售人员给他们介绍各种规格、图案、材质的窗帘，虽然对商品都有一个最基本的认知，但顾客并没有对商品有很清晰、很深入的认识，所以没有购买。

这时，来了另一名推销人员，他没有着急地推销产品，反而和购买者聊了起来，问他们窗帘买了是给谁用、所安装的房间窗户朝向哪个方向、使用者喜欢哪种颜色、整个房间的布置是什么风格的等问题。在聊天过程中，这名销售人员大致摸准了这家人的品位与需求，于是向他们介绍了一款产品，大致符合他们所需求的所有要求，又拿自己做例子，介绍他自家的装修风格和这家购买者的风格十分相似，他自己也选择了这款窗帘，还拿出手机来给对方看了自家窗帘安装后的样子。最后，这个家庭选择了这款窗帘。

从上面的例子可以看出，窗帘本身是商品，那么多的类型为什么顾客独独选了其中的某一种呢？就是因为被选中的商品背后，所体现的价值吻合顾客的需求。那么，我们应该从哪些方面抓住顾客的心理活动，为商品塑造价值呢？下面向读者分别讲解。

1．效率

在现如今这种讲究效率的社会，能够快速见效的东西，往往会更加受到用户的喜爱。时间就是金钱，所有人都希望可以在最短的时间内，收到最大化的回报。

比如说培训机构，要是能够打出类似"一个月掌握新概念英语""20 节课雅思上 6.5 分"之类的广告，肯定会更受家长们的青睐。又如减肥产品，能够越快瘦下来的肯定越受用户注目。所以，如果想要让顾客购买商品，一定要将商品的高效率性能体现出来，为商品塑造效率上的价值。

2．难易程度

这一点很好理解，越容易上手的产品越受欢迎，特别是高科技产品。由于其自身的高端性导致这些商品功能更便捷。就拿手机举例，现在智能手机已经深入人们的生活，大家再去使用带键盘的手机或许就不太习惯。这个时候，越方便的智能手机自然会让人更加倾心。

比如苹果手机，自带智能机器人 siri，用户可以通过和机器人的交谈来实现一些程序的操作，如图 5-1 所示。

图 5-1　智能机器人 siri 的界面

那么销售人员在推销产品的过程中，就一定要提到产品容易操作、容易上手的优点，以此来塑造产品本身的价值，让顾客注目。

3．安全性能

安全对于商品，特别是电子商品来说，是一个非常基本的评价标准。安全是基础，也是最重要的部分。换句话说，这就要求商家所售卖的商品不能对购买者造成任何伤害。相反的，如果商家可以保证产品对人体不会造成任何伤害，那么商品的成交率就会大大提高。

拿减肥药举例子。如果商家在向顾客推销时仔细介绍药品成分，并且向他们展示所有原料全部是来源于无毒的食品和中草药成分，对身体方面的副作用少，且是经国家药监局批准的药品，自然可以吸引别人来购买，如图5-2所示。

图5-2 减肥药的广告

所以，微信营销者在一对一介绍商品或是在朋友圈发送商品软文广告时，都应该尽量从以上三个方面出发，运用好塑造商品价值的思路，这样一定会对商品的推销带来好处，不断地提高商品的销售量。

5.3 赠送产品——让顾客无法拒绝

微信营销者应该从生活中去感受营销。相信大部分人都很乐意接受各种各样的礼物。一来可以感受到赠送礼物的人对自己的感情；二来免费得到东西，并且充满惊喜感地得到总是让人欲罢不能。让我们把这种情绪运用在营销上。在对方购买商品时,赠送一些礼物,那么客户是不是同样也有喜悦感?

来看一个例子。一般女士去逛护肤品店并且购买商品时,商家都会选择赠送一些"护肤小样"给客户。这些护肤小样一般来说分量并不大,也就能用个2~3天,平时短期出门时可以当作旅行装。可是正是因为有这些护肤小样的存在,客户们才会觉得自己买的东西很值,因为赠品很多,很有惊喜感。

但实际上正如我们所知,这种"值"的感觉只是一种错觉,而正是这种错觉,往往会带起客户们想要购买更多商品的欲望。道理很简单,买的越多,送的越多,满足感也就逐步加深。接下来,为大家分析一下随购买赠送产品的好处。

1. 培养回头客

在客户购买商品之后,微信营销者主动赠送一些小的赠品,哪怕只是一把小小的扇子,也会让购买者觉得自己赚了,因为他用买一份商品的价格得到了两份甚至是多份商品。在购买过程中感受到惊喜,并且觉得划算的用户自然会将这家店铺划分到"值得重新购买"的区域中。

2. 提高产品销量

有时,对方可能不需要买某件商品,可是当商家告诉他,买某件东西就能赠送另一件东西时,客户往往会心动,哪怕他可能根本不缺也不需要这种东西。如图5-3所示,为朋友圈"买一送一"的广告。

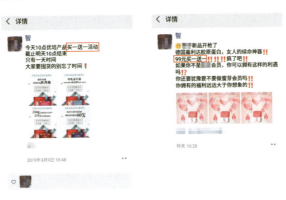

图 5-3 "买一送一"的广告

除了这种比较常见的"购买赠送"活动外，还有另一种方式，那就是分层级的方式，操作方法购物是满多少元之后，所赠送的商品会比上一个层面的要更贵也更精美。

比如说卖衣服的店铺，打出广告来，满200元赠送一个随身饮水杯，满400元赠送一个烧水壶，满600元赠送烧水壶和饮水杯等，依次类推。在这种情况下，客户为了得到更好和更多的东西，就会买得更多一些。

3．推销新产品

有的微信营销者在赠送商品时，会选择给对方客户新上架的商品小样。这种方式其实能够一举两得，一来让客户满意，二来推广了新产品。用户在使用过新产品之后，可能会觉得十分好用，那么下一次也许就会选择购买此新商品。甚至是推荐给周边的同事，也算是免费给商家做了宣传。

送赠品能够给商家带来那么多的好处，卖家就更应该在准备赠品的环节上下苦功夫了。随便送一些平日里用不着的小玩意儿肯定不会对提高销量起太大作用的。微信营销者应该仔细思考，哪些东西才是客户们真正需要的，并且能够配合刚刚所买的商品使用。

还是以护肤品为例。当客户在商家店里买了爽肤水和乳液时，商家可以选择送一些眼霜、面霜、洗面奶等物品的小样，这样可以让整个护肤过程完整无缺，让客户享受到全套护肤的完美效果，不仅满足客户的需求，也能够带来回头客对不同产品的需求。

简而言之，赠品就是一个说服客户继续信任此商家的产品。为了不断为企业、为个人创造利润，商家应该合理地利用好"赠品"这一有效方式。

5.4 促销活动——增加产品的销量

一般来说，针对不同形式的促销活动，我们可以提出多种方式来增加销量。下面为大家详细介绍几种促销方式。

1．折扣促销

折扣促销又称打折促销，是在特定的时期或是举行活动时，对商品的价格进行让利，得到用户的关注，达到促销的效果。折扣促销是有利有弊的，它的作用机制以及效应主要体现在两个方面。

一方面，折扣促销可以提高商品的竞争力、刺激消费者的消费欲望，创造出"薄利多销"的机制；但从另一方面来说，会导致消费者不愿意购买正价商品，次数过多的折扣容易降低品牌形象，也容易降低商家的市场获利能力，造成未来市场需求的提前饱和。

折扣促销有优势，又存在缺陷，因此微信营销者需要做好折扣促销的策划，主要有如下几种类型，如图5-4所示。

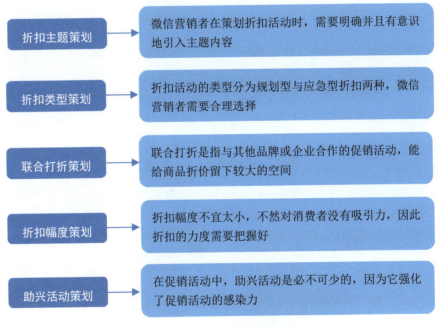

图 5-4 折扣促销策划的类型

折扣促销是微信朋友圈里比较普遍的销售模式，在一定的时间段内，对商品进行打折处理，最好是使用限时限量打折，能够引起好友的好奇心和注意，效果会更好。

如图 5-5 所示为朋友圈折扣信息，都是很受欢迎的。

图 5-5　朋友圈的折扣广告

2. 集赞促销

　　微信集赞是现在很流行的一种营销方式，通过好友的点赞来得到关注，微信集赞这个活动可以号召众多好友参与到其中来，通过活动来让好友关注产品本身，了解自己的品牌，达到促销的目的。集赞的朋友圈如图 5-6 所示。

图 5-6　集赞的朋友圈

3．指定式促销

指定式促销是指促销对象或者产品是指定的，具体有以下两种方式。

（1）指定产品促销。即买 A 送 B、加一元多一件等方式。

（2）指定对象促销。也就是角色优惠、角色专享价、老顾客优惠、新顾客优惠等方式。常用的是新老顾客优惠活动，如图 5-7 所示。

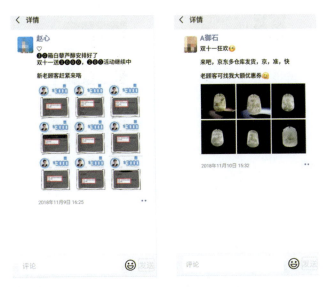

图 5-7　新老顾客优惠

4．节日促销

节日促销是指在中国传统节日期间，通过传统节日的良好氛围来制造的营销商机，比如春节、端午节、中秋节、国庆节，这些传统节日都可以吸引大量的客流量，能普遍引起用户关注，在短时间内获得很好的传播效果，从而达到促销目的。

在节日促销的运营过程中，它有一个重要的前提，那就是微信朋友圈的客户管理机制，即通过客户所购商品，了解客户购买的商品类型，以及客户购买商品的价格，做好客户管理，就能积累回头客，进行精准营销。

完成了客户管理，企业或商家可以通过会员制来进行具体的圈粉行动。会员也是用时间积累下来的，会员越多生意就越兴旺。节日促销就是一个很好的计划，是用来圈粉积累会员的。随着生意的不断壮大，可以针对会员进行节日营销，让会员享受到更好的优质服务。

节日促销能够带来很多流量，利用这个机会将普通好友转化为会员是非常好的，这样在淡季的时候，也会有会员能够带来销售额。如图5-8所示，为春节优惠活动的朋友圈发文。

图 5-8　春节活动的朋友圈发文

5.5　制造稀缺——让顾客产生紧张感

中国有一句古话叫作"物以稀为贵"，意思就是越紧缺的资源价值越大。很多时候，某项资源比较丰富时，我们对它的需求量相对比较少；相反的，资源稀缺时我们会更想得到它，正是这种稀缺性，激发了人们想要拥有的欲望。

这种方式同样可以应用于朋友圈的营销，微信营销者可以把这种心理用在产品的营销活动当中。制造某种产品供不应求的状态，会让消费者对这种产品充满好奇心，并且想尝试购买一探究竟。

那么，微信营销者应该要如何制造产品的稀缺性呢？我们可以从两方面入手，一是限制产品售卖的数量；二是限制产品的优惠时间。

1．限制数量

数字相对来说是比较抽象的概念，很多时候，如果没有别人提醒，我们对数字的敏感度可能并不高。

所以，微信营销者在营销活动中也要注意到这一点，可以通过微信朋友圈的方式随时去提醒顾客限制商品数量的多少等,给对方造成一种紧张感,让顾客觉得"如果再不抓紧时间好东西就白白溜走了"诸如此类的感受,这样也同时给顾客制造一定的稀缺感和压迫感,在一定程度上拉动销售的数量。

以化妆品为例,圣罗兰的口红有时会出限量版,而且价格也相对来说比较高昂,但是每一次圣罗兰的口红只要进入市场绝对是供不应求,每个女人都希望自己能够拥有这样一支限量版的口红,能脱颖而出,有与众不同的颜色。

以下这位微信营销者通过在朋友圈制造出产品的限量氛围,让顾客产生紧张感,从而提升产品的销量,如图5-9所示。

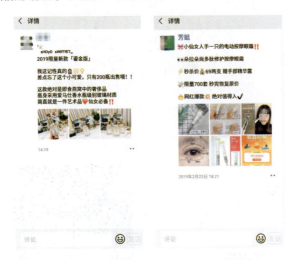

图5-9 制造出产品限量氛围的朋友圈

经济生活水平的不断提高使得人们开始追求个性与时尚,每个人都希望自己是独一无二的,那么限量购买的商品往往能够成为"独树一帜"的物质代表。

微信营销者应该利用人们的这种心理进行营销活动。将自己品牌中的某种商品定为"限量版",标明发售时间,先到先得,商品的销售量一定会大大提高。但必须注意的是,这一方法更适用于相对来说较为高端、高品质、高口碑的商品。

2. 限时抢购

限时抢购又称闪购,源于法国网站 Vente Privée,最早的闪购模式是以互联网作为依托的,商家通过B2C的模式,做一些限时特卖的促销活动,或是定期推出一些新品,来吸引消费者购买。

一般来说,开放"限时抢购"活动的时间点,都是在市场相对来说比较疲软的时候。这段时间可能由于市场货品饱和，所以导致销售额并不那么乐观。为了刺激消费，微信营销者可以开启"限时抢购"的活动。在朋友圈发布"限时抢购"活动时，可以配上相应的活动海报，刺激消费者的眼球，达到营销效果，如图5-10所示。

图 5-10　朋友圈限时抢购的图片海报

如图5-11所示，为限时抢购的朋友圈软文广告。

图 5-11　微信朋友圈中限时抢购的软文广告

无论如何，"价格"都是消费者在购买商品时考虑的最基本因素。所以在任何时候，"低价"对消费者都有着致命的吸引力。这就意味着，"限时低价"一定能够起到拉动销量、刺激购买的作用。

但有一点必须注意，很多微信营销者在"限时抢购"的活动中以失败告终。

究其原因，主要还是因为没有告诉消费者为什么要优惠。不存在没有原因的优惠，莫名其妙地降价，而且优惠的力度又如此之大，是不是商品本身有什么问题呢？过期了抑或是产品不合格？消费者恐怕会这么想。一来二去，不仅最后优惠活动没有处理得当，甚至会影响到整个产品的声誉。

在进行"限时抢购"的过程中，必须将优惠原因告诉客户，是为了感谢老客户的支持呢，抑或是针对某个节日来开展这一活动呢，又或者是别的原因。毕竟限时优惠的优惠力度还是非常大的，如果只是一味地降价，可能还是会引起消费者对商品本身的怀疑。所以，事前告知原因也同样可以拉动销售量。

> **专家提醒**
>
> 在微信朋友圈的优惠活动营销中，限时优惠对用户来说有着强烈的吸引力，微信营销者要营造一种"优惠不是时时有"的氛围，让用户抓紧时间购买。

5.6 会员制度——可获得忠实客户

在实体店铺中，办理会员卡已经成了一件十分常见的事情。几乎每一家实体店都有会员制度，如图5-12所示。

图5-12 一家实体店铺的会员制度

一般来说，办理会员卡都有一个基本的门槛，也就是说，客户一定要在店铺内购买过达标数目的商品才可以入会。那么会员制究竟有什么优点，值得众多店铺都纷纷开始这项业务呢？接下来为大家进行详细介绍。

1．提高顾客的忠诚度

在办理会员之后，店铺会有一系列针对客户们所进行的折扣、优惠活动。价格上的优惠使得顾客们经常光临这家店铺，久而久之这些会员就发展成了老客户，对店铺的忠诚度也会越来越高。

2．促使商家与顾客进行交流

会员制可以使得商家和顾客不断地进行交流。一方面，商家经常会给用户推送广告信息、新品上市信息、会员折扣日等资讯；另一方面，客户也可以直接向商家反映购物中遇到的问题以及对他们的意见。

除了实体店，现在线上店铺也都开始纷纷开启会员制度。如图5-13所示，就是肯德基天猫店铺的会员制度。

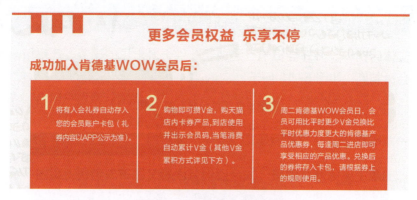

图5-13　天猫店铺的会员制度

3．吸引新顾客

办理会员卡所带来的优惠政策除了让老客户满意以外，同样也会吸引到新客户。举个例子，一位女士去服装店买衣服，结账时销售人员告诉她，由于她所购买物品的总价超过了500元，所以店里可以免费给她办一张会员卡，办完之后立刻能使用，所有衣服都打八折。

很明显，这位女士一定会办这张会员卡。那么成为会员之后，优惠政策又会使得她一次又一次地选择这家店进行购物，接着成为老客户，循环往复，这就是会员制的聪明之处。

淘宝应该是线上店铺中最早实行会员制的平台，现在朋友圈营销也开始实行这种制度，为微信朋友圈营销的长远计划添砖加瓦。如图5-14所示，正是两家开启了会员优惠的微信营销者。

图5-14　开启了会员优惠的朋友圈发文

4．刺激顾客消费

办理会员最直接的好处就是能够享受到店铺的优惠政策，不过这些优惠政策一般也是有门槛的，比如说消费满多少元之后再打折。或是积分制，用卡内积分加上附加的一些钱来换购本身价值更高的商品。

这样的途径看似是在帮顾客省钱，实则只是商家让利一点点，却能够带来更大的利益。折扣刺激顾客消费，为了满足打折或是积分换购的要求，顾客可能会去购买一些本不在购物清单以内的东西。

5.7　羊群效应——拉动产品的整体销量

热销氛围可以让消费者产生从众心理，形成羊群效应。羊是群居动物，它们平时习惯随大流，并且是盲目地随大流。只要羊群中有任何一只羊开始往前冲，这时所有的羊都会和它一起往同一个方向冲，浑然不顾它们所朝向的方向有没有危险或者有没有食物。当"羊群效应"用于心理学中来描述人类本能反应时，其实也就是我们平时所说的"从众心理"。

人们常常随大流而动，哪怕跟自己意见可能全然相反，也会选择否定自己的意见跟随大众的方向，甚至是放弃主观思考的能力。

比如，我们出去吃饭的时候，如果要临时寻找饭店，一般人肯定会选择一家店里人比较多的餐馆，"生意惨淡"在我们眼中就是"菜不好吃"，"有人排队"则意味着"菜色可口"。这样判断的结果正确与否并不能完全断定，可是跟随众人，正确率通常可以大大提高。所以说，羊群效应并不是完全没有道理的，大众的经验大部分时候还是可以作为参考的。

如果微信营销者有自己的实体店，就可以在实体店中拍摄产品热销的情景照片，然后在朋友圈中发布这些热销的照片，让产品产生热卖的氛围，引起消费者的兴趣，充分利用消费者的从众跟风心理，如图5-15所示。

图5-15 让产品产生热卖的氛围

在营销过程中，如果可以合理地利用这种随大流的心理，就有可能大规模地拉动商品整体销量。

专家提醒

微信营销者在售卖某种商品时，也应该时常向朋友圈中的各位好友透露一下已售卖的数量，给顾客营造一种商品在被疯狂购买的情境。当然，这种数量如果能够完全精准到个位数上，会让人觉得更加可信，比如在朋友圈中宣传时附上这样一个句子："商品上架刚刚 8 个小时，就已经抢购了 56321 件！"这种语言可能会激起顾客购买的潜意识，也同样去疯狂抢购这件商品。

5.8 发展下线——拓展更大的销售空间

首先了解一下，什么是"分销商"。分销是指某家企业与用户之间相互合作的营销战略，在此之间已经形成了完整的线上与线下购买平台，为顾客提供一系列的销售服务。图 5-16 所示是一个招聘分销商的广告。

图 5-16 招聘分销商的广告

而相对于代理商等其他形式的合作来说，分销商的工作更灵活，也更自由。他们不需要仅仅为一家企业提供服务，只要他们想，并且有足够的空闲时间，他们可以接无数个品牌的销售活动，不受任何公司与个人的限制。

所以说，分销是相对来说比较自由的工作安排。微信营销者在进行朋友圈营销的过程中，其实是可以从老客户或是大客户中发掘出一些分销商来的。他们不用对企业负责，只用对微信营销者本人负责。而且工作强度并不算太大，不至于耽误平日休息或上班的时间，还能利用闲暇时间赚上一些外快。

对微信营销者来说，当销售走上正轨之后，也需要像实体店铺一样，请一些销售人员帮忙料理店内事务，因为一个人要面对如此多的客户，工作强度确实还是很大的。而且分销商还能从他的朋友圈中带来并发展一些新的客户。只有不断地发展壮大销售人员，才能拉动销量，使企业有更大的发展空间。

所以说，微信营销者在营销过程中，不仅要不断地发展新粉丝，还要学着去挖掘粉丝的潜在价值。把目光放长远一些，把个人利益与粉丝利益绑在一起，为个人的生意寻找更广阔的发展空间。

第 6 章

7 种功能设计，让运营变得事半功倍

一个好的微信公众号，需要微信营销者通过微信公众号的消息回复、内容宣传、页面模块以及菜单列表等方面，把用户的注意力吸引过来。

本章笔者主要为广大读者介绍怎样通过完善微信公众号的功能设置，来吸引用户的关注。

▶ 被关注回复——自动回复获得好感

▶ 文章排版——增强读者视觉享受

▶ 文章分类——优质汇总获得用户青睐

▶ 栏目设置——菜单栏引导读者点击

▶ 跳转页面——推广文章获得点击率

▶ 跳转链接——设置为淘宝、微店获取收益

▶ 年审流程——确保公众号正常运营

6.1 被关注回复——自动回复获得好感

微信营销者如果开启了被添加自动回复模式，那么，用户只要关注了你的微信公众号，就会收到你设置的被添加自动回复，这样能让用户感受到被公众号重视，并对你的微信公众号产生好感。接下来笔者就简单介绍一下设置被添加自动回复的相关操作。

步骤 01 进入微信公众平台后，单击"自动回复"按钮，就能进入"自动回复"界面，可以看到在该界面中有"被关注回复"一栏，如图6-1所示。

图6-1 "被添加自动回复"界面

步骤 02 在"被关注回复"一栏的下方设置自动回复的内容。微信营销者大多会选择"欢迎关注XXX"等形式来欢迎新关注的粉丝。被关注回复信息插入的形式非常多样，包括文字、图片、语音、视频等，如图6-2所示为被关注回复信息插入的界面。

图6-2 被关注回复信息插入界面

步骤 03 保存插入的信息后，就能将设置的被关注回复的信息保存，一旦有用户关注该微信公众号，就会自动弹出保存的信息，如图6-3所示。

图6-3 被添加自动回复信息

6.2 文章排版——增强读者视觉享受

如果说文章中的内容是让作者与读者之间产生思想上的碰撞或共鸣的武器，那么，作者对文章的格式布局与排版，就是给读者提供一种视觉上的享受。

文章的排版对一篇文章有很重要的作用，它决定了读者是否能够舒适地看完整篇文章，其重要程度对微信公众平台、搜狐公众平台等新媒体平台这种以电子文档形式传播的文章来说更甚。

因此，微信营销者在给读者提供好内容的同时也要注意文章的排版，设计好公众号的页面模板，让读者拥有一种精神与视觉的双重体验。接下来，笔者就介绍一下设计公众号的页面模板以及排版的具体操作步骤。

步骤 01 在公众号后台中单击"页面模版"按钮，如图6-4所示。

步骤 02 执行操作后，进入"页面模版"页面，单击该页面中的"+添加模版"按钮，如图6-5所示。

图6-4 单击"页面模版"页面

图6-5 单击"＋添加模版"按钮

步骤 03 进入"选择模版"页面，选择相应的模板，并设置上方的封面文章、下方分栏及文章等内容，如图6-6所示。

图6-6 "选择模版"页面

6.3 文章分类——优质汇总获得用户青睐

俗话说："物以类聚，人以群分。"同样的，优质文章也应该和优质文章放在一起。微信营销者在推送消息的时候要想到，到底推送什么样的消息才能得到用户更多的青睐呢？

用户都比较喜欢那种对自己有实用价值并且还比较专业的消息，那么，如果你把不同类型的优质文章汇总做成一个目录的话，用户看到了就会觉得这个微信公众号很专业，因为你有很多优质的消息可以供他们选择，这样不仅能达到内容宣传的目的，还能吸引更多用户的关注和青睐。

以“手机摄影构图大全”微信号为例，如图6-7~图6-9所示为“手机摄影构图大全”编辑的“构图大全”中的目录汇总页面。

摄影技巧

1、大山的美，取决于你的眼睛和镜头！
2、对iPhone7，有的眼红，有的手痒，有的胃痛，你呢？
3、5种方式知晓当地天气，做到冷暖自知
4、放大招了！夜景喷泉如何拍摄？老司机7招搞定！
5、优秀照片之首要因素——主体突出
6、优秀照片之聚焦决定清晰——聚焦和抖动
7、优秀照片之聚焦决定清晰——保证照片锐度
8、顺光拍摄的应用，微距抓拍
9、自拍杆拍摄大全，赶紧收藏了，错过就没有了！安装+使用+姿势+注意 完全攻略(上)
10、手机摄影技巧，硬光渲染浓郁效果
11、谁总结的？20多种自拍姿势大全，错过就没有了，赶紧收藏！
12、手机摄影技巧，美食摄影
13、手机摄影技巧，微距摄影方法
14、手机摄影技巧，全景摄影方法
15、手机摄影技巧，水波荡漾的倒影效果

图6-7 “构图大全”目录汇总页面（1）

专题构图

0、百日运营：聚焦构图、技法分享，共同成长！
1、黄金分割构图的10层意思，你到了第几层？10分钟从菜鸟成摄影高手
2、宝宝离婚竟然和构图比例有关，震惊了！！
3、朋友圈图片点赞率超高的10种构图拍法，赶紧收藏了！
4、美食构图10大拍摄技巧，让朋友圈的人流流口水~~~
5、10大娱乐圈辣妈构图，美得不要不要的~
6、坐缆车赛道，5种经典构图刷爆朋友圈！
7、有料！同一个景点的，N种构图拍法
8、独家分享，中秋节拍摄最美明月的N种构图！
9、浓雾弥漫下着小雨怎么拍？中秋武功山构图实拍1
10、浓雾小雨中边走边拍的精彩！武功山构图实拍2
11、你选哪一个？星期天最好的姿势构图
12、这样构图，呈现平常公园不平常的美！
13、原来构图也有套路？这么玩才有创意！
14、厉害了WORD哥！江边拍摄构图技巧全在这里！！
15、港真，美食构图，这样才有逼格！

图6-8 “构图大全”目录汇总页面（2）

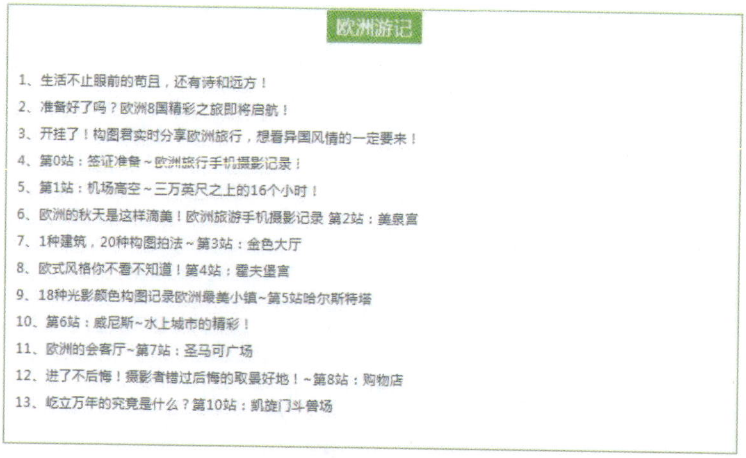

图 6-9 "构图大全"目录汇总页面（3）

6.4 栏目设置——菜单栏引导读者点击

如果企业或者个人要进行微信公众平台运营，那么，了解一些公众号栏目设置相关的知识是非常有必要的。在本节中，笔者将从两个方面为大家介绍微信公众号栏目设置的相关知识，这两方面的内容具体如下。

- 栏目设置对平台的重要性。
- 怎样进行公众号栏目设置。

在介绍栏目设置对平台的重要性之前，笔者先为大家介绍一下什么是微信公众平台的栏目设置。

微信公众平台的栏目设置包括两个方面，具体如下。

- 微信公众平台的自定义菜单栏。
- 文章的分类栏。

微信公众平台的自定义菜单栏，是指微信订阅者在点开或者关注某一个微信公众号之后，首先出现的页面的最下方出现的几个栏目，具体如图 6-10 所示。

微信公众号的自定义菜单栏是可以自己设置的，有的公众号会有自定义菜单栏，如图 6-11 所示的"单向街书店"微信公众号便属于这一类。但是并不是所有的公众号都有菜单栏，如图 6-12 所示的微信公众号就没有菜单栏。

图 6-10 自定义菜单栏

图6-11　有自定义菜单栏的公众号　　图6-12　无自定义菜单栏的公众号

进行微信公众平台栏目设置对于运营一个公众平台来说是必不可少的。在了解了什么是微信公众平台的自定义菜单栏目之后，接下来，笔者就为大家分析一下微信公众平台菜单栏目设置对平台的重要性。

微信公众平台菜单栏目设置的重要性主要体现在四个方面，以下就对这四个方面分别进行简单的介绍。

1. 更快为订阅者找到想要的信息

在微信公众平台上设置一个自定义菜单栏，能够为公众号的订阅者提供更多的便利。对于新订阅该公众号的读者来说，他（她）只要在自定义菜单栏里，就可以了解到该公众号提供的所有服务内容的大致范围。

通过菜单栏的分类，用户可以清楚自己要找的信息的分类，从而以更短的速度准确地找到自己想要的信息。订阅者通过使用自定义菜单查找信息，相对于一条一条地去翻看公众平台的历史消息查找信息来说，要简单方便得多。

2. 展示公众号的服务特色

微信营销者在自己经营的平台上设置自定义菜单栏，能够将自己平台上所具有的服务直接展示在订阅者面前，让订阅者一眼就能看出平台所具有的特色以及能为其提供的价值。只要平台的内容与服务对订阅者来说是确实非常有价值，就能够提高订阅者对该订阅号的黏性，从而逐渐将其培养成公众号的忠实粉丝。

3. 为平台增加人气

在微信公众平台上设置自定义菜单栏时，微信营销者可以设置一些签到送优惠、礼物这种类型的小活动，由此诱惑订阅者每天都来平台签到，这样就可以增加订阅号的点击量。

而且，如果订阅者来公众平台签到，那么，他（她）点击平台上的文章或者其他的功能的概率就会非常大，其实这也在无形之中为公众平台增加了点击量。

4. 让公众平台主动为用户指导浏览

在微信公众平台的后台有一个自动回复功能，如图 6-13 所示。微信营销者可以将这个功能与自定义菜单栏结合起来，以此通过对平台的订阅者进行操作指导，引导读者点击自定义菜单栏中的各类子菜单，这样就提高了平台的主动性。

自动回复
通过编辑内容或关键词规则，快速进行自动回复设置。如具备开发能力，可更灵活地使用该功能。查看详情
关闭自动回复之后，将立即取消所有用户生效。

图 6-13 微信公众平台后台中的自定义回复功能

在了解了栏目设置对微信公众平台的重要性之后，接下来笔者将给大家介绍怎样进行公众号栏目设置，主要介绍一下自定义菜单栏设置的步骤这个部分。

微信营销者在给自己的平台设置自定义菜单栏之前，首先需要清楚在公众平台上可以添加多少个菜单。微信公众平台规定，一个公众号可以添加三个一级菜单，而一个菜单下最多可以添加五个子菜单。在清楚了公众平台的菜单栏的具体情况之后，接下来笔者就为大家介绍怎么给自己的微信公众平台添加菜单栏。

在电脑上登录微信公众平台的官网，登录之后在微信公众平台的首页中的功能栏中找到"自定义菜单"按钮，然后单击该按钮，就会出现"自定义菜单"页面，然后单击最右边的"添加菜单"按钮即可。

单击"添加菜单"按钮后，就会进入"菜单编辑中"页面，在这个页面已经出现了一个一级菜单，只要在页面中的"菜单名称"栏中输入自己想要设置的名称即可。在输入名称之前，要先规划好每个一级菜单栏的作用，这样取名字时就比较方便。

笔者在这里将以"手机摄影构图大全"公众号为例，为大家介绍自定义菜单栏名称的输入。将三个一级菜单的名称输入完之后，该页面的左下角的一级菜单中就会出现相应的菜单名称。三个一级菜单输入完之后，显示的情况如图 6-14 所示。

第6章 7种功能设计，让运营变得事半功倍

图6-14 一级菜单显示界面

> **专家提醒**
>
> 需要注意的是，在设置完一级菜单之后，如果需要在一级菜单下添加子菜单的话，一级菜单中的内容设置将会被清除。

设置完一级菜单后，介绍一个设置子菜单的相关操作。

步骤 01　在子菜单操作的页面中，可以继续在"菜单编辑中"页面上单击某菜单上的添加符号，添加子菜单，单击添加符号之后，就会出现"子菜单名称"页面。如图6-15所示，为"子菜单名称"页面。

图6-15 "子菜单名称"页面

. 89 .

步骤 02　在页面的"子菜单名称"栏中,输入子菜单的名称,左下方的子菜单栏中就会出现相对应的子菜单名字,如图6-16所示。

图6-16　单击并输入子菜单名称

步骤 03　子菜单名称设置成功之后,微信营销者需要进行菜单内容设置。在菜单内容设置中,有"发送消息""跳转网页""跳转小程序"三个选项可以选择,如图6-17所示。微信营销者可以根据自己的需求进行选择。使用同样的方法,即可完成后面两个一级菜单和子菜单的内容设置,在此不再赘述。

图6-17　子菜单内容选择界面

步骤 04　子菜单设置完成后，单击页面上的"预览"按钮，就可以进行一级菜单设置结果预览，如图6-18、图6-19所示，预览完成后，只要单击"退出预览"按钮，即可退回到"菜单编辑中"页面。

图6-18　单击"预览"按钮

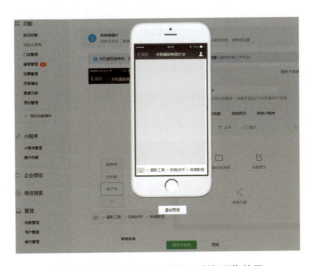

图6-19　单击"预览"按钮后的预览效果

步骤 05　笔者在这里只对第一个一级菜单添加了一个子菜单，添加完成后的效果如图6-20所示。微信营销者可以按照上述操作方法，在每个一级菜单下添加五个子菜单，具体设置根据自己的实际情况而定。

图 6-20 添加一个子菜单后的效果

6.5 跳转页面——推广文章获得点击率

有很多公众号会将菜单名称设置为图文跳转页面，来宣传推广自己微信平台的相关信息文章，这样就让用户的点击率更高一点，而且会让用户有好奇心，都想看看到底点进去是什么或是有什么，只要激起了用户的好奇心，那么你的公众号就可以吸引大量用户的关注。

这里主要介绍一下怎样设置菜单名称的图文跳转页面，步骤如下。

步骤 01　单击左边操作栏中的"自定义菜单"按钮，即可进入"自定义菜单"页面，如图 6-21 所示。

图 6-21 编辑"菜单栏"页面

步骤 02　进入编辑"菜单栏"页面之后，会看到已经编辑好的菜单栏。单击已经编辑好的菜单栏，会出来已经编辑好的子菜单，单击子菜单"电子书"即可以进入到子菜单设置的页面，如图 6-22 所示。

图 6-22　子菜单设置页面

步骤 03　进入子菜单设置的页面之后，会看到有三个菜单内容，选择"发送消息"，下面会出现四个内容形式，如果微信营销者只是设置菜单名称的图文跳转页面，只需选择"图文消息"即可，如图 6-23 所示。

步骤 04　点击"图文消息"之后，会跳出选择图文消息对话框，如果素材库中有现成的图文消息直接选择即可，如果没有就需要单击"新建图文消息"按钮。如图 6-24 所示，为选择图文消息素材页面。

图 6-23　图文消息内容形式页面

图 6-24　选择图文消息页面

步骤 05　保存好选择的素材后，菜单名称图文跳转页面就已经设置好了，最后的工作就是及时保存编好的内容。之后只要单击该子菜单"电子书"，就会从里面跳转图文消息，如图 6-25 所示为设置好的菜单名称图文跳转页面。

图 6-25　设置好的菜单名称和图文跳转页面

6.6　跳转链接——设置为淘宝、微店获取收益

很多的微信营销者都有自己的微店或淘宝店,他们会把菜单名称的图文跳转页面设置为自己微店或者淘宝店的网页跳转页面,这样不仅可以吸引用户的点击率,还可以为自己的微店或者淘宝店谋利。下面介绍怎样将图文的跳转页面设置为微店或者淘宝店。

将图文跳转页面设置为微店或者淘宝店的步骤,要建立在上一节设置菜单名称的图文跳转页面的基础上,当用户进入到子菜单设置的页面之后,单击"跳转网页"按钮,会出现一个需要输入的页面网址,此时微信营销者只需将微店或者淘宝店的网址复制粘贴上去即可。如图 6-26 所示为页面地址输入页面。

图 6-26　页面地址输入页面

6.7 年审流程——确保公众号正常运营

微信公众平台与企业的营业执照一样,每过一年就要年检一次,其年审主要是检查一下信息有无更改,起到及时更新信息的作用。想必有很多人并不知道年审的相关操作,笔者在此简单地讲解一下微信公众号的年审流程。

步骤 01　微信公众平台的年审一般系统会提前2~3个月开始提醒,只要按照提醒的窗口进入年审页面即可。图6-27所示为微信认证提示,单击"去认证"按钮。

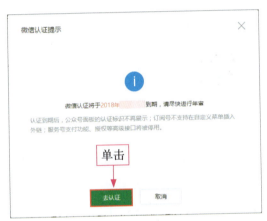

图 6-27　微信认证提示

步骤 02　执行操作后,进入相应页面,勾选"我同意并遵守上述的《微信公众平台认证协议》"条款,单击"下一步"按钮,如图6-28所示。

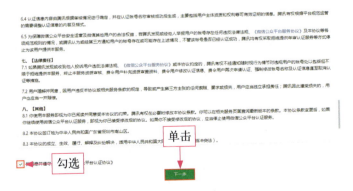

图 6-28　认证页面

步骤 03 接下来就是进行账号验证了。进行账号验证需要正确填写微信营销者的姓名、身份证号码等信息，如图6-29所示。提交认证信息之后，还需要进行营业执照等信息的填写及300元认证费用的提交。操作完成后，按照微信平台系统提示的页面，进入认证页面即可。最后资料费用都提交完之后，还有一个为期15天的认证审核过程。

图6-29 账号验证页面

审核完成之后，腾讯将反馈以下审核结果，而年审到此也就告一段落了。

● 账号资质审核成功，用户获得向腾讯申请开通高级功能的资格。

账号名称审核成功，腾讯将作出认证成功的判断，确定用户的认证账号名称，生成认证标识及其认证信息。

● 认证失败，腾讯将告知用户认证失败的原因。

另外，用户向腾讯或者第三方审核机构提供的资料和信息如有变更的，应及时采取以下措施。

● 如处于认证审核过程中的资料和信息发生变更，用户应立即通知腾讯或负责审核订单的第三方审核机构更新有关资料及信息。

● 如认证成功后资料和信息发生变更，用户应及时申请补充订单变更有关资料及其信息。

● 如认证成功后腾讯发现资料和信息存在错误，用户应及时申请补充订单，更正有关资料及信息。

第 7 章

6种分析方式,找到精准目标用户

微信营销者如果想要自己的公众号受到更多用户的青睐,就要学会分析微信后台的用户数据,了解用户信息并投其所好,让用户能够认可甚至向别人推广自己的公众号。

本章就是为大家介绍分析用户数据和定位标准用户的方法以及过程。

▶ 新增人数——关注粉丝增长数据
▶ 取消关注——掉粉情况必须重视
▶ 净增用户——有效检验推广效果
▶ 累积人数——可深层分析粉丝喜好
▶ 用户画像——学会合理判断用户属性
▶ 常用分析方法——通过数据洞悉用户需求

7.1 新增人数——关注粉丝增长数据

在公众号后台的"昨日关键指标"下方，微信营销者能够看到"新增人数""取消关注人数""净增人数""累积人数"的趋势图。

这部分笔者主要为大家分析"新增人数"的趋势图，在"新增人数"的趋势图中，微信营销者可以选择"最近30天""最近15天"和"最近7天"这几个时间段对"新增人数"的趋势图进行查看。图7-1所示为"最近30天"的"新增人数"趋势图。

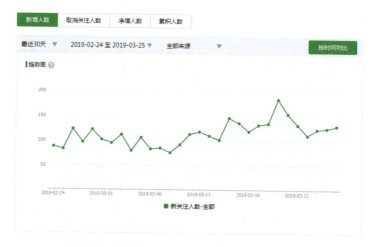

图7-1 "最近30天"的"新增人数"趋势图

将鼠标指向不同的节点（日期点），还能够看到该日期下详细的新增人数数据，如图7-2所示。

在对公众号的新增人数趋势数据图进行分析时，微信营销者需要注意以下两个方面的内容。

- 一是观察新增人数的趋势，以此来判断不同时间段的宣传效果。
- 二是注意趋势图中的两个特殊的点——"峰点"和"谷点"。"峰点"是指趋势图上突然上升的节点，"谷点"就是趋势图上突然下降的节点，当出现很明显的"峰点"和"谷点"时，就意味着平台推送可能发生了不同寻常的效果，微信营销者需要根据实际情况，对"峰点"和"谷点"出现的原因进行具体分析。

除了查看"最近7天""最近15天""最近30天"的趋势图外，微信营销者还可以根据实际情况自定义时间段进行查看，查看的方式是单击自定义时间框。

然后会弹出相应的时间选择栏，微信营销者在时间表中选好时间段，再单击"确定"按钮即可，如图7-3所示。

图7-2　具体日期的新增人数数据

图7-3　自定义时间段

如果微信营销者想要和某个时期的数据进行对比，只需单击右上方的"按时间对比"按钮，就会得出相应的对比数据。而对比时间是可以根据自身需求定义的。如图7-4所示，为1月26日到2月24日和2月25日到3月26日，公众号新关注人数的数据对比。如果想取消对比，单击右上角的"取消对比"按钮即可。

如果微信营销者想要了解粉丝在不同的渠道的增长数量，就可以在"数据来源"一栏进行查看，如图7-5所示，为通过"搜一搜"这个渠道的数据增长趋势图。

图 7-4 新关注人数数据对比

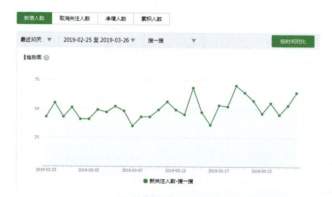

图 7-5 "搜一搜"这个渠道的数据增长趋势图

7.2 取消关注——掉粉情况必须重视

"取消关注人数"也是微信营销者要着重考察的数据,因为维持一个老客户比增加一个新客户,成本要低得多。因此,如果企业的微信公众号遇到了取消关注的情况,一定要重视起来,尤其是那种持续"掉粉"的情况,企业更要分析其中的原因,并尽可能防止这种情况再次出现。

以微信公众号"手机摄影构图大全"为例,在该微信公众平台的后台,其"最近 15 天"的"取消关注人数"的数据趋势图,如图 7-6 所示。

"取消关注人数"和"新增人数"的数据一样,都能够选择"最近 7 天""最近 15 天""最近 30 天"或者自定义时间查看趋势图。

图 7-6 "取消关注人数"趋势图

通过"取消关注人数"的数据，就能了解每天有多少粉丝对微信公众平台取消了关注，一旦发现取消关注的趋势图呈现了增长的趋势，微信营销者不仅要引起重视，还要努力找出问题所在，然后尽可能避免这种趋势继续增长。

一般来说，用户对微信公众平台取消关注的原因可能有很多种，笔者总结了几种用户取消关注的常见原因，具体如下。

- 对推送的消息不感兴趣。
- 微信公众平台常常发布硬广。
- 没有定期更新。
- 帮助投票，投完就取消关注。
- 领取了优惠，领完就取消关注。
- 其他原因。

通常来说，用户取消关注最大的原因是对推送的消息不感兴趣，当然，其他原因也可能让用户取消关注。如果微信公众平台的取消关注人数一直在增加，那么，微信营销者就要从以上几个方面查找原因了，然后才能对症下药。

7.3 净增用户——有效检验推广效果

微信公众平台后台的"净增人数"是用来衡量一定时期内用户的净增人数，看了"新增人数"和"取消关注人数"之后，可能微信营销者还是不知道每天究竟净增了多少用户。

对此，就可以通过单击"净增人数"按钮，查看一段时间内净增人数的变化情况。

如图7-7所示,为微信公众号"手机摄影构图大全"中"最近15天"的"净增人数"变化趋势图。

图7-7 "净增人数"趋势图

从图7-7中可以看出,该平台在3月18日到3月21日之间,"净增人数"呈现出一定的波动性,但是所有净增人数数据都是正数,这说明该平台的用户一直维持着增长的趋势。

同时,净增人数也是检验企业推广效果的一种有效手段,假设企业在两个不同的时间点展开了不同内容的推广,那么,就可以将这两个时间段的数据进行对比。从而判断不同的推广产生的效果之间的不同。

如图7-8所示,为微信公众号"手机摄影构图大全"2月25日到3月11日和3月12日到3月26日之间的数据对比。

图7-8 "净增人数"的对比

7.4 累积人数——可深层分析粉丝喜好

在"累积人数"趋势图中,可以看到企业微信公众平台的总人数情况。如图7-9所示,为微信公众号"手机摄影构图大全"中"累积人数"的趋势图。

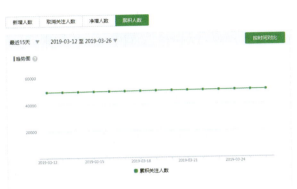

图 7-9 "累积人数"趋势图

从图 7-9 中可以看出,微信公众号"手机摄影构图大全"从 3 月 12 日到 3 月 26 日的"累积人数"呈现逐步上升的趋势,而且增长趋势相对比较平缓,没有出现大幅度的变化。

其实,"累积人数"趋势图,不仅展现了一定时期内公众号总体人数的增长情况,还可以用在特殊时间段里,供微信营销者对数据进行深层次的分析。

例如,在企业开展营销活动期间,就可以查看活动前、活动前期、活动中期和活动后期这四个时间段的"累积人数"趋势图,查看后营销者能够简单了解在一定时间段用户人数的增长和用户对营销活动的欢迎程度。

通常来说,如果企业的活动做得好的话,在活动前期的用户累积数会大幅增加,到了中期,用户累积数会趋于平缓,等到了活动后期时,用户数可能会出现小幅度的波动。

需要注意的是,如果在活动后期,用户累积数出现了大幅度的波动,例如,突然大幅度下降,那么,就说明活动策划可能存在某些问题,这是微信营销者和活动策划者需要重点关注的地方。

7.5 用户画像——学会合理判断用户属性

在微信后台的"用户分析"功能中,除了了解用户的增长数据之外,还能够了解用户的分布属性。下面以"手机摄影构图大全"微信公众号为例,从性别、语言、地域三个方面进行介绍。

1. 用户的性别比例数据

在经营微信公众号的过程中,如果微信营销者想要知道用户的性别属性,就可以在后台进入"用户属性"页面,然后单击"用户属性"按钮,如图7-10所示。

图7-10 单击"用户属性"按钮

执行操作后,进入"用户属性"页面,就能查看微信公众平台的性别分布图,如图7-11所示。

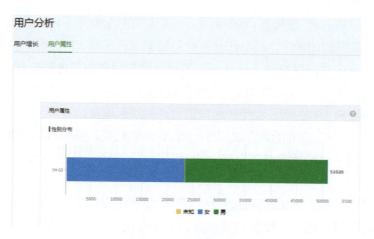

图7-11 性别分布图

把鼠标放在分布图上,就能看到分布的数据,从图7-11中可以看出,"手机摄影构图大全"的男性成员人数要大于女性成员人数,微信营销者要根据微信公众号的定位,来判断这样的比例是否和微信公众号的目标用户群体相匹配。

2. 用户语言分布数据

在"性别分布"的后面,就是"语言分布"图。如图7-12所示为"手机摄影构图大全"的语言分布图。

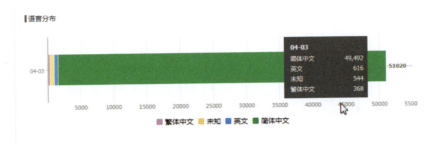

图7-12 语言分布图

从图7-12中可以看出,"手机摄影构图大全"的粉丝群体中,使用简体中文的用户数量为49492人,使用英文的用户数量为616人,使用繁体中文的用户数量为368人,还有使用未知语言的用户为544人。

3. 用户的地域分布数据

2015年9月,微信公众平台对用户的地理位置数据进行了优化,给微信管理者带来了极大的便利——提供省份和城市的分布情况。

- 省份分布

"省份分布图"能够让微信营销者看到微信粉丝在各省的分布情况,在"省份分布图"的左侧是一张省份地图,微信运营者将鼠标放在地图上,就会出现相应省份的名称和该省份的用户数量。"省份分布图"的右侧是省份对应用户数的具体数据,单击"用户数"旁边的三角形可以将用户数据进行从高到低,或者从低到高排序,让微信运营者能够更方便地了解用户的分布情况。

- 城市分布

"城市分布"的数据在"省份分布"数据的下方,微信营销者可以查看全国的城市用户分布情况,也可以查看某个省的城市用户分布情况,如图7-13所示。单击"城市分布"旁边的三角形选项框,就会弹出可选的选项。

在运营微信公众号的时候要去构建用户画像,去了解用户,就像微信公众号,其实本身就是一款成型的产品了,但微信营销者在做用户量、做内容、推广内容、推广活动等一系列准备工作的时候，都要清楚现有用户的特征，以及目标用户的特征。

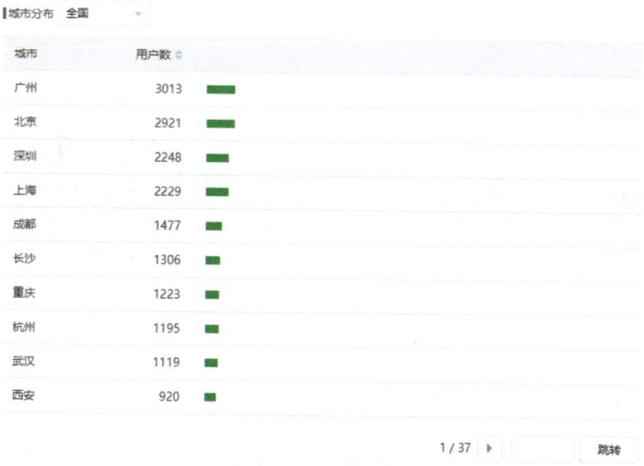
城市分布 全国

城市	用户数
广州	3013
北京	2921
深圳	2248
上海	2229
成都	1477
长沙	1306
重庆	1223
杭州	1195
武汉	1119
西安	920

1 / 37 跳转

图 7-13　城市分布图

这里说的要构建用户画像，顾名思义，就是为你的用户贴标签，要将你的用户虚拟化，并且找到其外部及内在所具备的特征。

接下来，笔者主要介绍怎样通过以下的三个方面来准确判定用户画像，以及平台的目标用户。

- 用户静态特征。
- 用户动态行为。
- 用户需求频次。

例如：关于时尚穿搭的公众号——大饼穿搭札记，如图 7-14 所示为“大饼穿搭札记”的公众号。

如果有用户关注了“大饼穿搭札记”公众号，并且每天都很频繁地来翻看图文消息，那么我们就从三个方面来分析此类用户画像，结果如下。

- 用户静态特征：“80 后”和“90 后”，大多是女性。
- 用户动态行为：爱美、追求时尚。
- 用户需求频次：高频次。

这样便能简单地构建出用户画像——高频率追求时尚的女性。

再如：关于游戏方面的公众号——上分神器，如图 7-15 所示为“上分神器”公众号为用户推送的图文消息。笔者在此说明：用户画像是可以再做调整的，不过做完调整之后会筛掉大部分老用户，所以微信营销者要注意这一点。

图7-14　"大饼穿搭札记"推送的图文消息　　图7-15　"上分神器"推送的图文消息

如果有用户关注了"上分神器"公众号，而且每天都在查看相关的推送消息，那我们就可从三个方面来分析此类用户画像，具体如下。

- 用户静态特征："90后"、大多是男性。
- 用户动态行为：喜欢玩游戏、关注游戏资讯。
- 用户需求频次：每天。

用户画像——每天喜欢关注游戏资讯、喜欢玩游戏的男性。

7.6　常用分析方法——通过数据洞悉用户需求

微信管理者通过向用户推送图文消息，能够起到传播信息、吸引用户的作用，因此分析图文消息效果，对于微信管理者来说，是非常重要的一环。但是如何展开分析呢？这就得依靠科学的数据来进行了。

微信运营者在分析微信后台的图文数据时，不仅要分析数据本身的含义，还要对这个数据中隐藏的商机进行思考。

例如一篇图文，不仅阅读量达到了一定的数量，而且转发量也非常高，这就说明有很多用户对文章的内容非常感兴趣，当他们将文章转发分享到自己朋友圈的时候，他们的朋友也会看到这些文章，如果他们的朋友也对文章的内容感兴趣，就很有可能多次进行转载和传播，从而让文章的传播力度更大，传播范围更广。

一来企业的微信公众号让更多的人知道；二来能够为企业的微信公众平台吸引到更多的关注群体，从而提升企业微信公众平台粉丝的数量和质量。因为通过这些文章而关注企业微信公众号的用户，肯定是被平台的内容吸引的，基本都是平台的目标用户，活跃度和质量都比较高。下面主要为大家介绍运营公众号时常用的一些数据分析方法。

1. 单篇数据分析

微信管理者通过向用户推送图文消息，能够起到信息传播、吸引用户的作用，因此分析图文消息效果，对于微信管理者来说是非常重要的一环，但是如何展开分析呢？这就得依靠科学的数据来进行了。

微信营销者进入微信公众平台，然后单击"图文分析"按钮，就能进入单篇图文统计页面，如图7-16所示。

图 7-16　单篇图文统计页面

从图 7-16 中可以看出，"单篇图文"仅能统计 7 天内的图文数据，因此微信营销者在自定义时间的时候，所选日期跨度不能超过 6 天，否则就无法进行查看。

在图 7-16 中可以看到以下几部分内容。

- 文章标题。
- 时间。
- 送达人数。

- 图文阅读人数。
- 分享人数。
- 操作。

其实除了送达人数、图文阅读人数、分享人数之外，还有原文页阅读人数和转发人数这两项数据。

微信营销者单击"数据概况"按钮，就能进入数据概况页面，在该界面中，微信运营者能够针对性地对每一篇图文消息进行数据分析，但是在进行数据分析之前，微信运营者必须搞懂以上这几项数据的意思和关系。下面笔者将这几项数据的分析总结到一张图解上，如图7-17所示。

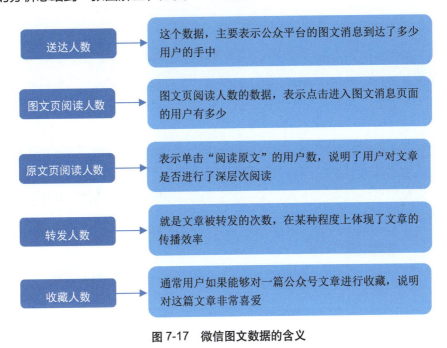

图 7-17　微信图文数据的含义

2．日报数据分析

在微信后台中，"图文分析"功能里，有一个"全部图文"按钮，单击"全部图文"按钮，就能进入"全部图文"分析页面，在这个页面里，主要展示了以时间段来划分的图文信息的综合情况，下面主要介绍"日报"信息。

在"日报"中，首先看到的是"昨日关键指标"中的数据内容，如图7-18所示为微信公众号"手机摄影构图大全"的"昨日关键指标"数据。

图 7-18 "昨日关键指标"数据

从该关键指标中可以看出,微信公众号"手机摄影构图大全"昨日的图文信息中的相关数据,包括图文页阅读次数、原文阅读次数、分享转发次数和微信收藏人数。

同时在各指标的下面,还有以"日""周""月"为单位的百分比对比数据,让微信运营者知道这些数据与一天前、七天前和一个月前的百分比,如图 7-19 所示,以及原文页阅读、分享转发和微信收藏三个数据的趋势图,如图 7-20 所示为原文页阅读的趋势图。

图 7-19 图文页阅读的阅读来源分析

图 7-20　原文页阅读趋势图

如果微信营销者想要知道各个来源或者各个时间的具体数据,只要将鼠标放在相应的地方就能知道,比如在图 7-19 中,想要知道会话来源的人数占了多少百分比,只要将鼠标放在会话的绿色图形中,就会跳出相应会话人数百分比。在图 7-20 中,想要知道 8 月 4 日的原文页阅读人数和原文页阅读次数,只要将鼠标放在 8 月 4 日的上方,就能得到具体的数字。

如果想要和某个时间的数据进行对比,单击右上角的"按时间对比"按钮即可,并且还可以自定义时间,除此之外,微信运营者还可以知道"最近 7 天""最近 15 天""最近 30 天"的相关数据。

在"图文页阅读"下面,能够看到各类渠道的"图文页阅读人数"和"图文页阅读次数"的趋势图,这些渠道包括"全部渠道""公众号会话""好友转发""朋友圈""历史消息""看一看""搜一搜""其他",如图 7-21 所示。

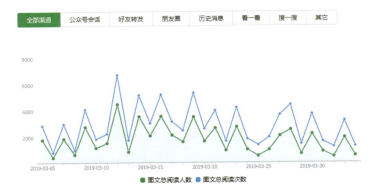

图 7-21　渠道趋势图

在“日报”的最下面，是一个数据表格，通过这个表格，微信营销者能够了解不同日期的“图文页阅读”“从公众号会话打开”“从朋友圈打开”“分享转发”“微信收藏人数”的人数和次数，同时，微信运营者单击右上角的“导出 Excel”按钮，就能导出表格，如图 7-22 所示。

2019-03-05 至 2019-04-03　　导出Excel

时间	图文总阅读		公众号会话阅读		朋友圈阅读		分享转发		微信收藏人数	
	人数	次数	人数	次数	人数	次数	人数	次数	人数	次数
2019-04-03	526	1258	241	432	25	33	11	16	4	4
2019-04-02	1911	3208	1396	1926	202	243	23	36	11	12
2019-04-01	455	1215	197	396	31	39	11	20	4	5
2019-03-31	841	1630	274	447	277	330	18	24	9	9
2019-03-30	2192	3721	1604	2449	246	298	40	50	16	22

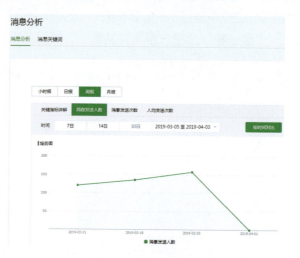

图 7-22　导出表格

3. 周报数据分析

“周报”主要是以“周”为单位对用户发送的消息进行分析的一个功能模块，和“日报”一样，“周报”也包括“关键指标详解”“消息发送次数分布图”“详细数据”数据表三大内容，如图 7-23 ~图 7-25 所示。

图 7-23　关键指标详解

消息发送次数分布图

消息发送次数	消息发送人数	占比
1-5次	371(98.15%)	
6-10次	5(1.32%)	
10次以上	2(0.53%)	

图 7-24　消息发送次数分布图

详细数据　　导出Excel

时间	消息发送人数	消息发送次数	人均发送次数
2019-03-25	157	191	1.2
2019-03-18	135	169	1.3
2019-03-11	120	155	1.3

图 7-25　“详细数据”数据表

通过关键指标详解的“消息发送人数”数据，微信运营者可以了解到每一周的用户发送的消息情况，还可以了解到在第几个完整周，发送消息的人数有上升的趋势；在第几个完整周，发送消息的人数有下降趋势。微信运营者可以根据这些趋势，去分析在这些周期内，平台做了哪些动作，才提高了用户的活跃度和积极性。

4. 月报数据分析

消息分析功能中，最后一个功能模块就是“月报”，和前面的“日报”“周报”一样，也有“关键指标详解”“消息发送次数分布图”和“详细数据”数据表这三大内容，“月报”主要用户判断微信用户是否具备长期的积极性。

如图 7-26 所示为 3 月 1 日到 8 月 16 日的“消息发送人数”数据的趋势图。

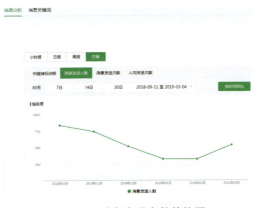

图 7-26　消息发送人数趋势图

从这个趋势图中可以看出，除了 2019 年 1 月至 3 月的消息发送人数有上升的趋势，其他月份的"消息发送人数"数据基本呈现下降的趋势，这个时候，营销者要根据数据情况找出消息发送人数递减的原因。

除了查看"消息发送人数"的趋势图，还可以切换到"消息发送次数""人均发送次数"选项，查看相应的指标趋势图。

在"关键指标详解"数据下，是"消息发送次数分布图"和"详细数据"数据表，分别如图 7-27、图 7-28 所示。

消息发送次数	消息发送人数	占比
1-5次	2488	92.63%
6-10次	133	4.95%
10次以上	65	2.42%

图 7-27　消息发送次数分布图

时间	消息发送人数	消息发送次数	人均发送次数
2019-03-01	534	686	1.3
2019-02-01	320	418	1.3
2019-01-01	322	498	1.5
2018-12-01	515	927	1.8
2018-11-01	739	1475	2.0
2018-10-01	834	1738	2.1

图 7-28　详细数据表格

"消息发送次数分布图"表明了某个时间段用户发送消息的人数和占比情况，同时在"详细数据"数据表中，每个月的消息数据一目了然。

5．小时报数据分析

图文的"小时报"是为了让微信运营者了解每个小时的图文页阅读人数和次数的，单击"小时报"按钮，就能进入小时报页面，首先看到的是图文页阅读的阅读来源分析，如图 7-29 所示。

图 7-29 图文总页阅读的阅读来源分析

在图文页阅读的阅读来源分析后面，和"日报"一样，是原文页阅读、分享转发和微信收藏的趋势图，在"图文总页阅读"下面，是各个渠道图文页阅读的人数和次数的趋势图，如图 7-30 所示。

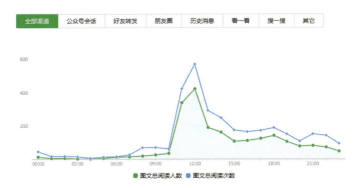

图 7-30 各个渠道图文页阅读的人数和次数的趋势图

微信营销者可以查看"全部渠道"的图文阅读人数和次数趋势图，也可以查看"公众号会话""好友转发""朋友圈""历史消息"和"其他"渠道的图文阅读人数和次数的趋势图。

在"小时报"的最下面，有不同时间点的"图文页阅读""从公众号会话打开""从朋友圈打开”“分享转发”“微信收藏人数”的人数和次数，微信运营者同样可以单击右上角的“导出 Excel”按钮，就能导出表格，如图 7-31 所示。

2019-04-02 至 2019-04-02 ▼　　导出Excel

时间	小时	图文总阅读		公众号会话阅读		朋友圈阅读		分享转发		微信收藏人数	
		人数	次数	人数	次数	人数	次数	人数	次数	人数	次数
2019-04-02	00:00	13	45	2	2	0	0	0	0	1	1
	01:00	5	17	1	1	0	0	0	0	0	0
	02:00	6	18	1	2	0	0	0	0	0	0
	03:00	2	15	0	0	0	0	0	0	0	0
	04:00	1	6	0	0	0	0	0	0	0	0
	05:00	5	13	2	4	1	1	0	0	0	0
	06:00	12	15	5	7	0	0	1	1	0	0
	07:00	14	26	5	5	0	0	0	0	0	0
	08:00	18	68	7	19	0	0	0	0	0	0
	09:00	25	69	9	22	0	0	0	0	0	0

图 7-31　导出表格

对于微信营销者来说，分析用户消息的“小时报”有什么意义呢？在笔者看来，分析消息“小时报”的意义主要在于判断用户的空闲时间，以此来制定与用户的互动时间和互动形式。

同时，微信营销者还可以结合图文统计的“小时报”判断用户的职业情况，在图文统计中，“小时报”主要是用来了解用户在不同时间点的阅读量、收藏量和转发量。可以将同一个时间点的图文统计的“小时报”和消息统计的“小时报”结合起来分析，或许可以发现很有意思的事情。

例如，在某些时间点，阅读量、收藏量和转发量都不错，但是用户发送消息的却很少。那么，是否可以判断，在这些时间点里，用户不太方便抽出时间来与平台进行互动，他们或许在上班，或许在做其他的事，只有等到下班之后，才会有更多的闲暇时间来与平台进行互动。

因此，微信公众平台在选择与用户进行互动的时间点的时候，要设身处地地站在用户的角度选择恰当的时间进行，这样才能取得更好的效果。

6. 消息分析

在微信公众平台中，有“消息分析”一栏，在这一栏中，可以看到两部分的内容，分别如下。

- 消息分析。

- 消息关键词。

微信营销者可以通过用户发送的消息数据，洞悉消费者的需求，在"消息分析"功能中，可以看到"小时报""日报""周报""月报"这四块内容，下面就以"小时报"为例来进行介绍。

首先，一起来看"小时报"的趋势图，通过"小时报"的趋势图，微信营销者需要了解的内容是：用户通常喜欢什么时候发送消息，发送的频率是多少。在"小时报"下面，可以看到三个关键指标，分别是"消息发送人数""消息发送次数"和"人均发送次数"，下面就以"小时报"为例分别介绍这三个数据。

（1）消息发送人数。数首先看到的是"消息发送人数"趋势图。如图7-32所示为微信公众号"手机摄影构图大全"的"消息发送人数"趋势图。

图 7-32　"消息发送人数"趋势图

（2）消息发送次数。单击"消息发送次数"按钮，就能进入"消息发送次数"趋势图的页面，图7-33所示为微信公众号"手机摄影构图大全"的"消息发送次数"趋势图。通过分析不同时间段里用户发送消息的次数，可以了解在哪个时间段里，用户的活跃度比较高。

（3）人均发送次数。单击"人均发送次数"，可以切换到"人均发送次数"趋势图里，在该趋势图中，可以看到6:00～9:00这个时间段人均发送次数最多，这样的话就可以通过分析在不同时间段的人均发送次数，来判断该趋势图最佳的互动时间为6:00～9:00。如图7-34所示，为"人均发送次数"趋势图。

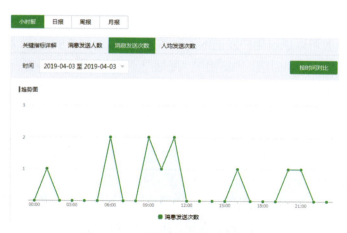

图 7-33 "消息发送次数"趋势图

图 7-34 "人均发送次数"趋势图

分布图和详细数据在关键指标的趋势图下面，分别是"消息发送次数分布图"和"详细数据"数据表，如图 7-35 所示。

7．关键词数据分析

在"消息分析"数据中，还有一个数据，那就是"消息关键词"数据，如图 7-36 所示就是"手机摄影构图大全"的消息关键词页面。

对于设置了关键词的微信公众平台而言，除了分析用户发送的消息数据之外，还要对平台的消息关键词进行相应的分析。平台的消息关键词包括全部关键词分析、自定义关键词和非自定义关键词，什么是自定义关键词和非自定义关键词呢？

下面进行详细介绍。

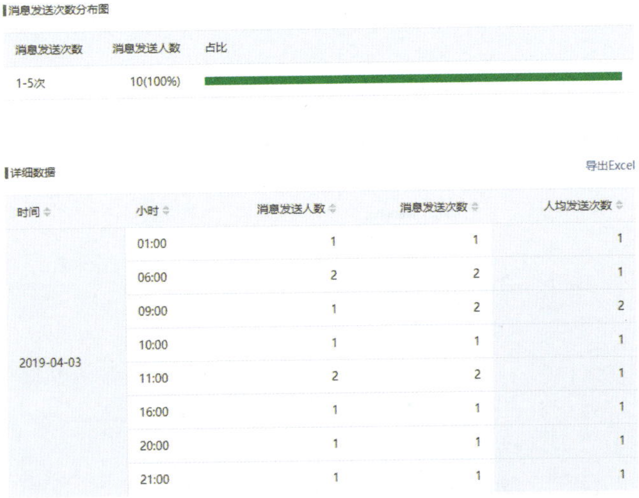

消息发送次数分布图

消息发送次数	消息发送人数	占比
1-5次	10(100%)	

详细数据　导出Excel

时间	小时	消息发送人数	消息发送次数	人均发送次数
2019-04-03	01:00	1	1	1
	06:00	2	2	1
	09:00	1	2	2
	10:00	1	1	1
	11:00	2	2	1
	16:00	1	1	1
	20:00	1	1	1
	21:00	1	1	1

图 7-35　“消息发送次数分布图”和“详细数据”数据表

排行	消息关键词	出现次数	占比
1	书	104	
2	搜索	58	
3	公众号	54	
4	摄影	48	

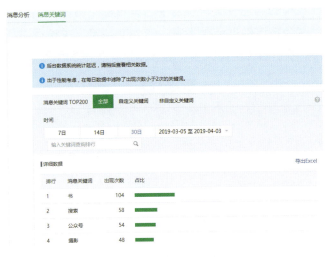

图 7-36　消息关键词页面

（1）自定义关键词。单击“自定义关键词”按钮，就能进入自定义关键词页面，如图 7–37 所示为“手机摄影构图大全”的自定义关键词数据分析页面。

在该页面中，营销者可以通过排行对比，查看不同关键词出现的次数和所占比例，同时判断出哪一块感兴趣的用户更多。

图 7-37 自定义关键词数据分析页面

（2）非自定义关键词。非自定义关键词并不是企业微信公众平台定义的关键词，也就是用户发布的消息并没有包含平台设置的关键词，当同一个词语出现超过两次时，平台就会将该数据记录下来，作为非自定义关键词进行统计排名。如图 7-38 所示为"手机摄影构图大全"的非自定义关键词页面。

图 7-38 非自定义关键词页面

在该页面中，微信营销者可以对非自定义关键词进行分析，同时还可以通过这类关键词找出用户的需求点，挖掘出更多创新的模式。

第8章

10种写作技巧，轻松打造吸睛爆文

学前提示

如果想写出能满足读者需求的文章，那么文案的撰写技巧是必须学会的。本章就是针对文案写作技巧进行详细讲解，希望能给想了解并学习文案技巧的读者带来帮助，快速打造出10W+的爆文作品。

要点展示

▶ 标题类型——爆文的8个点击理由
▶ 标题拟写——好标题提高点击量
▶ 正文内容——10大写法吸引读者转发
▶ 文章摘要——激发用户的阅读兴趣
▶ 语言风格——创造好的阅读感受
▶ 文案形式——内容生动更有阅读欲
▶ 节日内容——烘托气氛提升文案热度
▶ 连载内容——延伸性强吸引精准读者
▶ 广告文案——巧妙植入更吸引读者
▶ 在看功能——主动提醒用户分享

8.1 标题类型——爆文的 8 个点击理由

在微信公众号运营过程中，软文标题的重要性不言而喻，正如新媒体流传的一组数据所言："标题决定了 80% 的流量。"虽然其来源和准确性不可考，但由其流传之广就可知，其中涉及的关于标题重要性的话题是值得重视的。要想标题能够吸引用户点击，需要掌握以下几种标题类型。

1．煽动式

所谓"煽动性"，指的是精准抓住目标群体的隐藏欲望，利用一些特定的词汇引起他们诉求上的共鸣，形成这一效果的话语和其他要素就是具有煽动性。

在公众号的软文标题撰写中，一些情感类的软文转发的实现，就在于能否最大限度地煽动读者的情绪和情感，能否引起读者的共鸣。在软文标题中适当添加具有煽动性的词汇，从读者方面来说，有着重要的作用，即能让读者产生代入感和同理心。

如图 8-1 所示，为公众号"管理价值"发布的具有煽动性的软文标题。

图 8-1　具有煽动性的软文标题案例

2．好奇式

在公众号软文标题的设置中，利用意思不明的表达方式，来营造一个非常广阔的想象空间，让读者可以尽情地畅想余下和隐藏部分究竟是什么内容。一般来说，读者在畅想的同时还会有一种"正确答案"是什么的窥探心理，以此调动读者的好奇心，促使读者去点击阅读软文，最终实现软文阅读量的提升。

如图 8-2 所示，为公众号"胡华成"发布的好奇式软文标题案例。

图 8-2 引发好奇心的软文标题案例

图 8-2 中的两篇软文利用一种疑问的方式，在带给读者问题的同时激起他们的好奇心，从而引领读者去阅读软文。

3．画面式

人们在进行阅读时，一般会随着阅读的进行而进入角色，在脑海中形成一些画面。这种画面感的营造是最能带给读者好的阅读体验的方式之一。因此，在微信公众号运营中，不仅可以在软文正文营造画面感，还可以直接在标题中就把这种画面感体现出来，这样更容易让读者产生阅读的兴趣。

如图 8-3 所示，为公众号中营造一种画面感的软文标题案例。

图 8-3 营造画面感的软文标题案例

图 8-3 中的两篇软文，其标题都是通过营造一个画面或一种生活场景来撰写

的。读者一看到软文的标题，就能产生身临其境的感觉，或者联想起意识中熟悉的场景画面。

例如，前一篇软文标题，读者在看到"猜灯谜，做花灯，这个元宵好热闹"这句话时，就会在脑海中浮现出元宵节相关的画面，它带给人的不仅是视觉上的感受，还有内心的感触。

又如，后一篇软文标题，短短的一句"春来时，花花草草任你爱"，给人一种身临其境的感觉，读者好像置身其间，感受到了心灵触动以及想象中的画面——或是在公园，或是在野外，或是在某个路上——静谧或嘈杂的环境中，春暖花开的气息迎面而来。

4．冲击式

不少人认为："力量决定一切。"这句话虽带有太绝对化的主观意识，但还是有一定的道理的。其中，冲击力作为力量范畴中的一员，在公众号软文撰写中有着它独有的价值和魅力。

所谓"冲击力"，即软文带给人在视觉和心灵上的触动的力量，也是引起读者关注的原因所在。

在具有冲击力的软文标题撰写中，要善于利用"第一次""惊人""最好……"等类似的具有极端性特点的词汇——因为读者往往比较关注那些具有特别突出特点的事物，而"第一次""惊人""最好……"等词汇是最能充分地体现其突出性的，往往能带给读者强大的戏剧冲击感和视觉刺激感。

如图 8-4 所示，为公众号"今日财经"发布的带有冲击感的软文标题案例。

图 8-4　带有冲击感的软文标题案例

图 8-4 中的两篇软文,其标题就运用了如"最好……""第一次"等冲击性的文字进行撰写,给读者造成了一种视觉乃至心理上的冲击。

5. 名人式

人的崇拜心理自古有之,如远古时期的图腾崇拜、民族战争中对民族英雄的崇拜等。这一崇拜心理发展到现在有了更广阔的延伸,发展为追星、关注名人和偶像等多个维度。而把这种心理因素的影响应用到软文标题撰写中,就体现为人们常说的"名人效应"。

在软文标题中加入"名人"这一元素的,往往能提升软文的信服感,因为在大多数读者看来,名人在一定程度上代表的是"权威",而为软文标题添加入"权威"的砝码,与一般软文标题相比,其影响就不可同日而语了。

如图 8-5 所示,为加入了"名人"元素的软文标题案例。

图 8-5　加入名人元素的软文标题案例

6. 数字式

在出版和编辑领域里,阿拉伯数字一般用来表示现实生活中某种存在着的确切的数据,与汉语中表示概数的如"三四个""五六张"等数字不同,它在产生的具体语境效果方面是一种精确的客观存在的体现。

因此,撰写加入列举、概括性的数字式的软文标题,具有多方面的优势,主要有最具备模仿性、概括时客观直接和具有信服感这三方面的优势。

基于数字式标题的撰写优势,在公众号运营中,可以大力加以运用,这不仅能增加软文标题的信任感和可读性，还能节省软文标题的构思和撰写时间，是一种值得提倡的软文标题撰写方法。如图8-6所示，为公众号"人力资本"发布的数字式软文标题案例。

图8-6　数字式软文标题案例

7. 反常式

人们一般习惯顺着逻辑思维的发展来思考和看待问题，因此，那些与正常思维方向相悖的话题和内容就很容易成为关注的焦点，如图8-7所示。

图8-7　反向思维的软文标题案例

图8-7中的两篇公众号软文，其标题都是通过一种违反人们思维习惯的方式进行撰写的。例如，前者的标题——"有远见的父母，都有点心狠"，这让很多

人觉得不可思议:"为什么有远见的父母都心狠呢?"这样的疑问促使读者为了找寻这一问题的答案,而去阅读文章。

又如,后者的标题——《都挺好》最戳心痛点:你过得不好,是因为你不够"坏",这一软文标题所陈述的事让人难以想象,那么"过的不好的原因究竟是什么呢",这一问题同样也起到了引导读者阅读的作用。

8. 热点式

网络平台的热点本身就是比较容易被检索和关注的,是一种能够引发传播的资源。在软文标题中引入网络流行语、热播剧和涉及热点事件的词汇,在软文传播上有望产生轰动式的效果。而这种方式的应用对平台运营和软文推广来说,又起到了效率与效果二者兼顾的作用——既实现了软文标题撰写上的简便,又利用热点词汇这一自带流量的元素实现了不错的传播效果。

由此可见,借助热点词汇的传播优势,是公众号软文运营和撰写上的明智之举。如图8-8所示,为分别借助热播剧《都挺好》、热播综艺《妻子的浪漫旅行》的热度撰写的文章标题。

图8-8 运用热点词汇的软文标题案例

8.2 标题拟写——好标题提高点击量

一个好的标题能成功地吸引到读者、为平台吸粉导流,其中一个很重要的原因,就是能满足读者需求。通常来说,好标题可以通过以下7种方式来满足读者的需求。

1. 制造神秘感满足读者的需求

人都是充满好奇心的生物，对于那些未知的、刺激的东西都会有一种想要去探索、了解的欲望。微信营销者在写文章标题的时候就可以抓住读者的这一特点，将标题写得充满神秘感、满足读者的好奇心，这样就能够获得更多读者的阅读。

阅读的人越多，文章被分享与转发的次数也就会越多，平台的粉丝流量也会越来越多。那些能满足读者好奇需求的文章的标题都是带一点神秘感，让人看了之后才能了解到真相的。

如图8-9所示，为公众号"智和岛"制造神秘感的文章标题案例。

图8-9 制造神秘感的标题

2. 制造情感氛围满足读者的需求

现实生活中大部分人都是感性的，很容易被情感所左右，且这种感性不仅体现在生活中，还体现在人们阅读倾注了感情的文章中，这也是很多人在看见有趣的文章时会捧腹大笑，看见感人的文章时会心生怜悯，甚至不由自主落泪的一个原因。一个成功的文章的标题，需要做到能够满足读者的情感需求，打动读者，同时引起读者的共鸣。

如图8-10所示，是公众号"晚安少年"制造情感氛围的文章标题。

图 8-10　制造情感氛围的标题

3．制造幽默感满足读者的需求

现如今，大部分人有事没事都会掏出手机看看，逛逛淘宝、刷刷微信朋友圈、关注公众号的信息寻求乐趣，以满足自己的娱乐需求。相信不少人会点开微信里各种各样的文章都是出于无聊、消磨闲暇时光给自己找点娱乐的目的。

那些以传播搞笑、幽默的内容的文章比较容易满足读者的娱乐需求，如冷笑话、幽默与笑话集锦这类公众号。如图 8-11 所示，为公众号"冷兔"上制造幽默感的文章标题。

图 8-11　能满足读者娱乐需求的标题

4. 切合读者的实际利益

人们总是会对与自己有关的事情多上点心，对关系到自己利益的消息多点注意，这是人类很正常的一种行为，文章标题切合读者的实际利益其实就是指满足读者关注与自己相关事情的行为。

微信营销者在写文章标题的时候就可以抓住人们的这一需求，将文章标题打造成这种类型的，引起读者的关注。但需要注意的是，如果一篇文章写了这样的标题，里面写的内容就要真正地能与读者的实际利益有关，而不能一点实际价值都没有，让读者产生被欺骗感。

因为如果每次借用读者的私心需求来引起读者的兴趣，可实际却没有满足读者的需求，这样的标题用多了读者就会对这类文章标题产生免疫，在看见标题的第一眼就知道文章的内容没有一点用处。

如图 8-12 所示，是微信公众号"最美应用"上切合读者的实际利益的文章标题。

图 8-12　切合读者的实际利益的标题

5. 蕴藏实用价值满足读者的需求

有部分人在浏览网页、手机上的各种新闻和文章的时候，抱有可以通过浏览学到一些有价值的东西，扩充自己的知识面、增加自己的技能等目的。因此，微信营销者在编写文章标题的时候，就可以将这一因素考虑进去，让自己编写的标题给读者一种能够满足其需求的感觉。

这种能满足读者价值需求的文章，只要读者阅读之后觉得真的有用就会自主地将文章传播开来，让身边更多的朋友知道。蕴藏实际价值的文章标题，在标题上就可以看出来。

如图8-13所示，是"生活小窍门"公众号上蕴藏实用价值的文章标题。

图8-13 蕴藏实用价值的标题

6．怀旧满足读者的追忆需求

怀念过去，对于以往的岁月充满感慨，是有一定年纪的人普遍会有的一种心理。微信营销者可以抓住这一点，使用满足用户怀旧需求的文章标题增加点击量。这类标题在文字上大多都会有一些代表年代记忆的字眼，如图8-14所示。

图8-14 能满足读者怀旧需求的标题

7. 干货满足读者的学习需求

如今社会竞争十分激烈，很多人都会有扩充知识、提升自己的想法。微信营销者可以抓住这一点，使得推文标题显示出文章中所蕴藏的价值，激起用户的学习欲望，而真正有用的知识也会让文章传播得更快。

如图 8-15 所示，是微信公众平台"四六级考虫"公众号的文章标题，它就从标题上抓住了想要满足学习需求的读者。

图 8-15　能抓住读者学习心理的标题

8.3　正文内容——10 大写法吸引读者转发

一篇文章，如果要打造成爆文，那么微信营销者就需要掌握一些文章正文的创作类型。根据文章素材和文章作者写作的思路的不同，文章正文的形式也有所不同。接下来将为大家介绍几种常见的爆文正文的写作类型。

1. 故事型

故事对于人们来说是一个什么样的存在呢？我们小时候就喜欢听故事，长大了喜欢看故事。因为小时候听着千奇百怪的故事，所以会对故事中的情节、人物有所向往，而长大后则开始在故事中领悟到人生哲理。不同的阶段，故事对于我们来说有着不同的意义，但有一点不容置疑的是，人人都爱听故事。

而故事型的文章正文要有合理性和艺术性，要让读者记忆深刻，有代入感，才能拉近创作者与读者之间的距离。如图 8-16 所示，为公众号"HR 商学院"发布的比较典型的故事型文章。

图 8-16　故事型文章案例

2．悬念型

悬念型标题是指运用设疑、隔断、倒叙的手法，激发读者丰富的想象和阅读兴趣，这种方式能使读者产生急切的期盼心理，进而通读文章。如图 8-17 所示，就是公众号"周公子爱读书"的悬念式文章。用"诗人李白是不是真的无忧无虑"来设置悬念，吸引读者看下去。

图 8-17　悬念型文章案例

3. 逆思维型

逆思维式软文，就是在构思时，让大脑朝着正常思维的对立面思考，从不同的思维角度进行较为深刻地挖掘，从而找到新的突破点。

怎样才算是"反其道而思之"呢？就拿照相来说，一般人们喜欢在摄影师按下快门之前，为了让摄影师把自己拍得美美的，就把眼睛睁得很大，可由于拍照时，人们往往在等摄影师喊"一！二！三！"，但坚持了半天之后，恰巧在"三"字上坚持不住而闭上了眼，就造成了不能一次成品的状况。

所以，一个英国伦敦的摄影师换了一个思路。他请照相的人先闭上眼，听他的口令，同样是喊"一！二！三！"，但在"三"字上一齐睁眼。结果，一次成品照片冲洗出来一看，一个闭眼的也没有，全都显得神采奕奕，比本人平时更精神。因此，逆向思维就是不走寻常路，给读者呈现与众不同的软文，带给读者非同一般的阅读体验。如图 8-18 所示，为公众号"罗辑思维"的逆思维式软文。

图 8-18 逆思维型文章案例

4. 创意型

随着科技的不断进步，人们开始追求有趣的、好玩的以及没见过的事物，希望每天都有不同的创意能围绕在自己身旁，那样人们才不会觉得生活枯燥、单调以及乏味。如果撰写出让人们感到惊喜的创意文章，那么就很有可能吸引更多的读者和粉丝。

其次，从不同的角度进行文章创意写作，增加读者的新鲜感，在读者审美疲劳的时候打上一针强心剂，也为软文营销的实现提供了很好的助力。如图 8-19 所示，为"少年怒马"公众号推出的一篇创意文章"优秀员工才有资格骂老板"，从标题到内容都极具突破性和吸引力。

图 8-19　创意型文章案例

5．层层递进型

层层递进型的正文布局的优点是逻辑严谨、思维严密，按照某种顺序将内容一步步地铺排，给人一气呵成的畅快感觉。如图 8-20 所示，是公众号"创业邦"的一篇层层递进型的文章，这篇文章从腾讯微视的回归切入，然后用了小标题的形式，一层层地展开来写了腾讯微视发展不起来的原因。

图 8-20　层层递进型文章案例

6. 总分总型

总分总型的文章是在开篇点题，然后在主体部分将中心论点分成几个横向展开的分论点，最后在结论部分加以归纳、总结和作必要的引申。

如图8-21所示，为微信公众号"手机摄影构图大全"推出的一篇总分总型的文章，文章开头先对人像摄影的"留白"作了总体解说，然后对"留白"的多种方法进行了细分讲解和指导，结尾又对"留白"的摄影技巧进行了总结和提示。

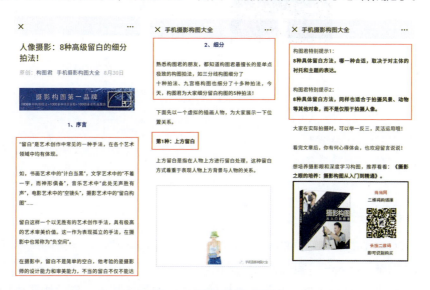

图8-21 总分总型文章案例

7. 镜头剪切型

文章中的镜头剪接式布局又称为片段组合式，是指根据表现主题的需要，选择几个典型生动的人物、事件或景物片段组合成文。如图8-22所示，为知名导师乐嘉的公众号"FPA性格色彩"发表的一篇文章。这篇文章就是采用镜头剪切的方法，将学员分享的故事很好地串连了起来。

8. 欲扬先抑型

欲扬先抑的标题相当于记叙文中的技巧"抑扬"，这类标题在使文章产生诱人的艺术魅力的同时，还能突出事物的特点或人物思想情感的发展变化。

9．开头

对公众号平台上的文章来说，正文的开头是一篇文章中很重要的组成部分。它决定了读者对这篇文章内容的第一印象，因此要对它加以重视。一篇优秀的文章，在撰写正文开头时一定要做到以下四点。

第一，紧扣文章的主题来写。

第二，语言风格上要吸引人。

第三，表达上陈述部分事实。

第四，内容特点上要有创意。

图 8-22　镜头剪切型文章案例

除此之外，微信营销者还需要掌握不同类型文章开头的写法，而文章开头的类型主要分为以下几种。

（1）激发联想型。在写想象与猜测类型的正文开头时，可以稍稍运用一些夸张的写法。但也不要太过夸张，基本上还是倾向于写实或拟人。其目的是能让读者在看到文字的第一眼就展开丰富的联想，猜测在接下来的文章中会发生什么，从而产生强烈的继续阅读文章的欲望。在使用想象猜测类型的文章开头的时候，要注意的就是开头必须有一些悬念——给读者以想象的空间，最好是可以引导读者进行思考。

（2）平铺直叙型。平铺直叙型也叫作波澜不惊型，表现为在撰写正文开头时，把一件事情或者故事有头有尾、一气呵成地说出来，平铺直叙。也有人把这样的方式叫作流水账，其实也不过分。平铺直叙型的方式在正文中使用得并不多，更多的还是存在于媒体发布的新闻稿中。但是，微信营销者在正文的开头中也可以选择合适的时候使用这种类型的写作方法。例如重大事件或者名人明星的介绍，通过正文本身表现出来的重大吸引力来吸引读者继续阅读。

（3）开门见山型。开门见山型的文章开头需要作者在文章的首段就将自己想要表达的东西都写出来，不隐藏而是干脆爽快。在使用这种方法进行软文正文开头创作的时候，可以使用朴实、简洁等能进行清楚表达的语言，直接将自己想要表达的东西写出来，不要故作玄虚。

另外，在写作时要注意，正文的主题或者事件必须足够吸引人。如果主题或者要表达的事件没办法快速地吸引读者，那么这样的开头方法最好还是不要使用。

（4）幽默分享型。幽默感是与他人沟通时最好的武器，能够快速搭建自己与对方的桥梁，拉近彼此之间的距离。幽默的特点就是令人高兴、愉悦。如果能够将这一方法使用到文章的正文开头写作中，会取得不错的效果。

在微信公众号平台上，有很多微信营销者会选择在文章中通过一些幽默、有趣的故事做开头，吸引读者的注意力。相信一般人都会喜欢看可以给自己带来快乐的东西，这就是幽默故事分享型正文开头的存在意义。

（5）经典语录型。使用名言名句开头的文章，一般会更容易吸引住受众的眼光。因此，在撰写文章时，文章编辑可以多搜索一些与文章主题相关的名人名言，或者是经典语录。

在文章的开头应该用一些简单但是精练又紧扣文章主题并且意蕴丰厚的语句，或者使用名人说过的话语、民间谚语、诗词歌赋等语句，这样就能够使文章看起来更有内涵。而且这种写法更能吸引读者，提高文章的可读性，以及更好地凸显文章的主旨和情感。除了用名言名句外，还可以使用一些蕴含道理的故事作为文章正文的开头方法。小故事一般都简短，但是要有吸引力，能很好地引起读者的阅读兴趣。

10．结尾

（1）号召用户法。如果想让读者加入某项活动中，就可以使用号召法对文章进行结尾。同时很多公益性公众号推送的文章中使用这种方法进行结尾的文章也比较多。号召法结尾的文章能够在读者阅读完文章内容后，让读者对文章的内容产生共鸣，从而产生更强烈地加入文章发起的活动中去的欲望。

如图8-23所示，是"十点读书"公众号推送的一篇号召粉丝购买某品牌腰靠的软文，在文章的结尾处，号召力十分明显。

（2）首尾呼应法。首尾呼应法，就是我们常说的要在文章结尾点题。在进行撰写时如果要使用这种方法结尾的话，就必须要做到首尾呼应——文章开头提过的内容、观点，在正文结尾要再提一次。

图8-23　以号召法结尾的文章案例

一般来说，公众号平台的文章很多都是采用"总一分一总"的写作方法，结尾大多根据开头来写，以达到首尾呼应的效果。如果正文的开头提出了对某事、某物、某人的看法与观点，中间进行详细的阐述，到了文章结尾的时候，就必须自然而然地回到开头的话题，来个完美的总结。

首尾呼应的结尾法能够凭借其严谨的文章结构、鲜明的主题思想给读者留下深刻的印象，引起读者对文章中提到的内容进行思考。如果想要加深读者对自身传递的信息的印象，那么首尾呼应法则是一种非常实用的方法。

（3）推送祝福法。祝福法也是很多微信营销者在文章结尾时会使用的一种方法。因为这种祝福形式的结尾法能够给读者传递一份温暖，让读者在阅读完文章后，感受到平台对其的关心与爱护。这也是非常能够打动读者内心的一种文章结尾方法。

如图8-24所示，是公众号"独木舟"在儿童节推送的一篇以祝福结尾的文章，这样的祝福显得既俏皮又温暖，能增加粉丝的好感度。

图 8-24　以祝福法结尾的文章案例

8.4　文章摘要——激发用户的阅读兴趣

在编辑消息图文的时候，在页面的最下面是撰写摘要的部分，这部分的内容对于一张图文消息来说非常重要，因为消息发布之后，这部分的内容会直接出现在推送信息中，如图 8-25 所示。

图 8-25　文章摘要内容

要选择文章中对读者来说最有吸引力的一句话作为摘要，并且要简洁明了，这样的摘要，不仅能够激发用户对文章的兴趣，还能够激发读者第二次点击阅读的兴趣。如果微信营销者在编辑文章内容的时候没有填写摘要，那么系统就会默认抓取内容的前 54 个字作为文章的摘要，具体如图 8-26 所示。

图 8-26　摘要

8.5　语言风格——创造好的阅读感受

笔者总结得出，微信公众平台文章编辑在编写文章正文的时候，要根据企业所处的行业，以及平台定位的订阅群体选择适合该行业的文章语言风格。合适的语言风格能给公众平台的粉丝带来优质的阅读体验。

编辑的文案语言风格主要包括以下几种。

1．促销活动型

促销活动型一般不需要太多的技巧，因为其适合的商品一般是代购类、日常必需品、快销类商品等，这类商品对于受众来说，具备稀缺性和必需性，所以商家只要直接推销就好。

但是就推送形式来说，要根据粉丝的情况而定，要及时调整内容和发送频率，发送频率不宜过高，因为这样的效果和影响不增反减，要把握好频率和节奏，才能获得更好的促销效果。图 8-27 所示是天猫发布的促销活动。

2．实用知识型

实用知识型内容比较适合母婴、户外、电器、家居、家装、保健等商品，因为这类信息专业性强，可读性较高。图 8-28 所示是"住范儿"推送室内设计的专业类知识。

3．信息广泛型

信息广泛型内容重在发送的信息是否切中用户的需要，一般不建议发送信息传播类的内容，除非是预售、抢购、拍卖等这类需求面比较广泛的信息，因为对于受众来说，符合他们需求的信息才是他们愿意接受的，这样的信息才具备可行性。同时，商家也要掌握一个度，如果信息传播得太频繁又太枯燥，不仅不会激发用户的购买欲望，还很有可能会失去一部分用户。

图 8-27　天猫促销活动

图 8-28　"住范儿"推送的专业类知识

4．幽默搞笑型

幽默搞笑型最适合成人类目商品，而且情侣相关的礼品类目，也是可以通过此类型内容完成。

5．关怀回馈型

关怀回馈型包括发货提醒、生日祝福、互动小游戏等，比较适合老客户，如果再加上些优惠券之类的小礼物，是个事半功倍的好办法。

6．清新文艺型

清新文艺型比较适合窄众类商品、外贸原单类商品，对于高端价位商品，虽然难度很大，但是也是一个塑造品牌形象和品位的好方法。

对于这类信息内容，一般编写难度比较大，因为具备高文学素养的写手很稀缺，因此很少会有微信营销使用这种形式的内容。

撰写文艺小资类的内容需要注意的一点是，如果写手的文学素养有限，尽量不要用这类内容进行推送，否则用户不领情，效果反而适得其反。

7．情感氛围型

情感氛围型内容除去了商业化的模式，主打感情牌，以情动人，以情吸引顾客。

8.6 文案形式——内容生动更有阅读欲

微信公众平台在编辑正文的时候，其编辑的文案内容的形式是可以是多样的，而且，每一种形式都拥有独属于自己的特色，是其他形式所不可比拟的。因此，微信营销者最好将每种形式都掌握。

因为编辑出来的文案内容的形式不同，它们就能带给读者不同的阅读体验，从而丰富读者的阅读生活。笔者总结得出，微信公众平台文案内容的形式主要包括文字形式、图片形式、图文形式、视频形式、语音形式和综合形式这六种。

在这里主要介绍语音形式、图片形式以及视频形式。

1．语音形式

语音形式是指微信营销者将自己想要向读者传递的信息，通过语音的形式发送到公众平台上。这种形式可以拉近与读者的距离。如图8-29所示，是微信公众号"罗辑思维"以语音形式传递微信公众平台正文的专栏"罗胖60秒"。

语音和视频一样，微信营销者可以先将语音录到电脑里，然后再在微信公众平台上进行上传，微信公众平台的"新建语音"页面如图 8-30 所示。

图 8-29　微信公众号"罗辑思维"以语音形式传递正文的案例

图 8-30　"新建语音"页面

2．图片形式

关于图片形式，其实就是将文字通过图片的形式展示出来。如图 8-31 所示，是"天一阁"公众号推送的多张图片文章。

3．视频形式

视频形式传递微信公众平台正文，是指各大商家可以把自己要宣传的卖点拍摄成视频，发送给广大用户。相比文字和图片，视频更具备即视感和吸引力，能在第一时间快速地抓住受众的眼球。以微信公众号"一条"为例，它每天都会为用户推送一条原创视频。如图 8-32 所示为"一条"推送的视频内容。

图 8-31　"天一阁"公众号多张图片文章的案例

图 8-32　微信公众号"一条"以视频形式传递正文案例

　　文案语音、图片、视频虽然都是可以单独从微信平台传递出去，但是如果能够把语音、图片、视频合理地搭配在一起，就能够给读者一种极致的阅读体验。综合形式就是一种集几种形式的特色于一身，兼众家之所长的形式。微信营销者运用这种形式传递微信公众平台的正文也能够为自己的平台吸引更多的读者，提高平台粉丝的数量。

如图8-33所示，是微信公众号"凯叔讲故事"使用综合形式（文案语音、图片、视频的合理搭配）传递微信公众平台正文的案例。

图8-33 微信公众号"凯叔讲故事"以综合形式传递正文的案例

> **专家提醒**
>
> 需要注意的一点是，微信公众平台以综合形式向读者传递正文内容并不是指在一篇文章中要出现所有的形式，而是只要包含三种或者三种以上的形式就可以被称为是以综合形式传递正文。
>
> 就目前而言，将每种形式都包含在一篇文章里面的微信公众平台还比较少，但一篇文章中包含三种或者三种以上形式的还是比较常见的。

8.7 节日内容——烘托气氛提升文案热度

节日时，微信营销者发布与该节日相关的话题是很有必要的，一方面是烘托节日的气氛，另一方面是让读者感受到过节的氛围。因此，在节日期间，发布与节日相关的内容往往要比其他的普通内容效果更好。如图8-34所示，为"飞乐鸟"

在妇女节期间发布的文章。

图 8-34 "飞乐鸟"发布的节日内容

要知道，一个有价值、有传播度的热门头条事件，在今日头条中的阅读量可能上百万。有时候，微信营销者在标题中嵌入节日的热门词汇，就是为了提高用户的点击率，一条有热门词的标题和一条没有热门词、普通的标题，对文章的推荐量可能会有几万、十几万甚至几十万的差距。

由此可见，节日或热门事件对于微信营销者来说多么重要。如图 8-35 所示，为"吐槽电影院"微信号在某篇文章中插入热门话题的文章。

图 8-35 "吐槽电影院"推送的热门消息

8.8 连载内容——延伸性强吸引精准读者

这里的连载并不是像小说那样，写很长的连载故事，而是指微信营销者可以围绕同一类话题进行创作，形成一系列的专题故事。比如说摄影构图这个方面，不同的后期软件处理之后，照片展现出来的效果都是不同的，那么关于摄影后期方面，就可以从构图软件的不同，延伸出很多期的内容。

就像连载性的话题，话题相同，只是表现的方式不一样，也可以延伸出很多内容。延伸出的专题文章，能够吸引很多对这方面内容兴趣浓厚的读者。如图8-36所示，为微信号"广告文案"使用连载性文案的例子。

图8-36　使用连载性文案的例子

8.9 广告文案——巧妙植入更吸引读者

在朋友圈里，商家可以通过图片的形式将产品的信息放到平台上，以起到打广告的作用。

商家在发布产品的广告图片时，可以配上一篇广告文案，然后发布到朋友圈中，因为这种广告是软性的，能够在潜移默化中将产品信息植入读者的眼中、脑中，从而让读者对产品拥有一定的认知，这样软性的广告植入法，会比直接用纯文字打广告更容易让读者接受。

事实证明，微信如果强推广告，不仅达不到预期的效果，反而会引起用户的不满。商家要想在微信中植入广告，必须把握两个字："巧"和"妙"。那么具体如何做到这两点呢？以下几个策略可供参考。

1．用故事代替硬广告

故事因为具备完整的内容和跌宕起伏的情节，所以比较吸引大家的眼球，关注度相对较高。提及故事，不少人都充满期待，因此商家在植入广告时，可以充分借用这一手段，进行与传统形式大相径庭的广告硬性植入方式。

对于企业来讲，讲述一个企业故事，可以是企业创业故事，也可以是企业内部有趣的事情，让用户感受到企业的文化氛围，就是一种很不错的方式。

2．以图片的形式植入

相比纯文字的信息，图片加软文的方式更加受用户的欢迎。通过加入图片来表达或者描述品牌，更容易收到好的效果。

3．以段子的形式植入

以幽默好玩、新鲜有趣的段子来植入广告，是一个非常不错的选择，因为有趣的段子总能给人留下深刻的印象，而且对于段子高手来说，能够将广告信息毫不突兀地植入，往往让人赞叹其精妙创意，妙不可言。

4．以视频的形式植入

可以在微信软文中加入一段企业视频或者语音，宣传效果比起文字的宣传效果会更好，如果想要达到更好的效果，可以邀请名人或者明星来录制视频或者语音，如果觉得请名人、明星的成本太高，可以让企业的董事长来录制视频或语音，总之，不论是让谁来录制视频，都要让用户感受到一定的意外和震撼性，所以请在受众心中有一定地位的人来录制，达到的效果是最好的。

5．借助舆论热点植入

每天，手机上都会收到各种各样的关于网络舆论热点人物或者事件的报道，它们的共同特点就是关注度高，因此企业可以借助这些热点事件，撰写微信公众平台的内容，然后悄无声息地将广告植入进去。

下面是诸多商家都走过的一些误区，希望对想学习的读者起到一些帮助作用。

（1）过度宣传。其实本来商家创作微信的目的只有一个，那就是为了获取更多粉丝的关注,在微信当中植入广告,也是为了借助粉丝推广产品。据了解,有99%的商家把自己的微信内容编写成了路边的宣传单,这样势必会让读者反感。

（2）过度霸屏。微信推送信息的到达率是100%,因此商家乐此不疲地狂发微信,造成轰炸之势,以为这样能博取用户的眼球。

8.10 在看功能——主动提醒用户分享

微信新推出了"在看"功能,如果读者对某一篇微信公众平台发送的内容很喜欢,就有可能会点"在看"分享到微信的"看一看"一栏里,"在看"功能在文章内容的最下方,具体如图8-37所示。

图8-37 "在看"功能

据笔者了解,很多读者在阅读完文章之后,不会有意识地进行分享,所以笔者给众位微信营销者一个小小的妙招,就是主动提醒用户去点"在看",也就是主动求分享,这样往往能够收到意想不到的效果。

第 9 章

8 种推广方法，获取千万级精准粉丝

粉丝的多少在一定程度上决定了一个公众平台获利的多少，因此微信营销者一定要吸引足够多的粉丝才能让公众平台火起来。本章主要介绍最常用的平台吸粉引流技巧、吸粉引流的方法和过程，让微信营销者的工作可以更加顺利进行。

▶ 大号互推——建立公众号营销矩阵
▶ 活动策划——让用户参与进来
▶ APP 引流——APP、公众号粉丝共享
▶ 红包引流——引爆微信群进行推广
▶ 官网引流——借权威将粉丝引入公众号
▶ 线上微课——精准粉丝和获利双赢
▶ 平台引流——在流量平台推广公众号
▶ 关键词引流——从用户的角度去思考

9.1 大号互推——建立公众号营销矩阵

通过爆款大号互推的方法，即微信公众号之间进行互推，也就是建立公众号营销矩阵（指的是两个或者两个以上的微信营销者，双方或者多方之间达成协议，进行粉丝互推），可以达到共赢的目的。

相信大家在很多的微信公众号中，曾见到过某一个公众号会专门写一篇文章给一个或者几个微信公众号进行推广的情况，这种推广就算得上是公众号互推。这两个或者多个公众号的运营者可能是互相认识的，他们甚至会约定好有偿或者无偿地给对方进行公众号推广。

微信营销者在采用公众号互推吸粉引流的时候，需要注意的一点是，找的互推公众号平台类型尽量不要跟自己的平台是一个类型的，因为这样两者之间会存在一定的竞争关系。两个互推的公众号之间尽量以存在互补性最好。举个例子，你的公众号是推送健身用品的，那么你选择互推公众号时，就应该先考虑找那些推送瑜伽教程的公众号，这样获得的粉丝才是有价值的。

微信公众号之间互推是一种快速涨粉的方法，它能够帮助营销者的微信公众号在短时间内获得大量的粉丝，效果比较可观。

如图9-1所示是微信公众号"浅语趣读"的推送，目的就是为了帮助对方的公众号增长粉丝数量。

图9-1 微信公众号"浅语趣读"的推送

9.2 活动策划——让用户参与进来

通过微信公众平台,企业可以多策划一些有趣的活动,以此来调动用户参与活动的积极性,从而拉近企业与用户之间的距离,并以此留住用户。

除了发布活动之外,微信营销者还可以通过其他的活动策划来拉近与用户之间的距离。例如,通过问卷调查了解用户的内在需求、通过设置各类专栏与用户展开积极的互动等,只有用户参与其中了,才会对企业微信公众平台有归属感和依赖感。

如图 9-2 所示为"中国联通"在微信公众号开展的活动。

图 9-2　"中国联通"公众号的活动文案

无论是大品牌企业还是小品牌企业,为粉丝定期策划一些有心意的活动,是一种很好的增强粉丝黏性的行为,而在有新意的活动策划中,最重要的一个环节就是对目标群体和活动目标进行分析,具体内容如下。

- 企业的目标人群是哪些?
- 他们最需要什么?
- 什么样的东西最吸引他们?
- 本次策划活动的最终目的是什么?是为了增加用户的黏性,还是为了增加销售额?

只有对自己的目标用户和营销目的有了专业的、精准的定位分析,才能策划出吸引人的活动方案，而只有企业策划出吸引人的活动方案，才能留住用户，提高粉丝的黏性。

相对于传统的营销活动来说，微信活动的策划并不拘泥于某种固定的形式，微信营销者可以采用某种单一的形式，也可以同时兼具多种方式进行活动的策划。

微信策划活动如果做得好，还可以打通线上线下，这样不仅加大宣传的力度，同时也获得更多的用户关注率，吸引更多用户的参与。笔者接下来将为大家介绍线上和线下活动的策划。

1. 线上活动策划

线上活动有很多种类，比如抽奖、转盘、转发有礼等，企业和个人营销者可以根据本身的需求，来选择合适的方式进行活动的策划和运营。首先，作为活动策划的运营人员，需要了解自己的职责。通常来说，微信营销者的主要职责有以下六个。

第一，负责方案的策划、沟通及执行。

第二，负责活动数据整理及效果分析。

第三，负责活动的监测和改进。

第四，负责活动环节设计和具体落实工作。

第五，能够深度了解用户的需求。

第六，能够把握活动风险情况。

微信营销者还要撰写相应的活动方案，通常来说，一个完整的活动方案包括如下内容。

- 活动主题。
- 活动对象。
- 活动时间。
- 活动规则。
- 活动礼品设置。
- 活动预计效果。
- 活动预算。

微信营销者可以通过在公众平台上，或者其他平台上开展各种大赛活动，进行吸粉引流。这种活动通常在奖品或者其他条件的诱惑下，参加的人会比较多，而且通过这种大赛获得的粉丝质量都会比较高，因为他们会更加主动地去关注公众号的动态。

微信营销者可以选择的大赛活动类型非常多，但原则是大赛的类型要尽量与自己账号所处的行业、领域有关联，这样获得的粉丝才是有高价值的。

在活动结束后，微信营销者需要针对活动撰写一份活动报告总结，分析活动的总体效果，有哪些突出的亮点，还有哪些方面需要改进等。

2. 线下活动策划

线下活动策划和执行时，运营人员的主要工作如图 9-3 所示。

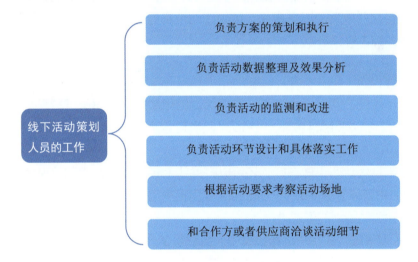

图 9-3　线下活动策划人员的工作

线下活动相比线上活动来说，有时候更为复杂，从活动策划、场地安排、人员管理到活动预算、现场演讲安排、互动游戏等多方面都要涉及。线下活动也要准备活动方案和活动总结报告，方案的内容包括以下几个。

- 活动主题。
- 活动时间。
- 活动报名。
- 活动演讲。
- 活动场地安排和布置。
- 活动预计效果。
- 活动预算。

上面笔者已经把活动策划和运营内容规模化地讲述了一遍，但是可能大部分微信营销者依然会存在一些疑问，例如：

- 如何进行具体策划呢？
- 策划流程怎么弄？
- 怎样做效果最好？
- 做了之后的效果如何衡量？
- 带来的粉丝有多少是确切性和真实性的真粉丝？
- 投资进去的成本能否获得相应的回报？

所有的这些问题都需要企业进行专业的分析和考量，下面笔者将从策划形式、策划活动带来的效果的衡量方式、策划活动带来的回报率的衡量三个方面，为微信营销者详细讲解分析。

1. 策划形式

相对于传统的营销活动来说，微信活动的策划并不拘泥于某种固定的形式，微信营销者可以采用某种单一的形式，也可以同时兼具多种方式进行活动的策划。

微信策划活动如果做得好，还可以打通线上和线下，这样不仅加大了宣传的力度，同时也获得了更多的用户关注度，吸引更多用户的参与。具体根据实际情况，有以下几种活动策划的形式。

（1）邀请式。在用户运营过程中，当积累了一定数量的忠实用户后，利用老用户来拉新是一种低成本的获取用户的方式。它主要包括两种形式：一是利用奖励机制让用户邀请新用户关注账号；二是利用奖励机制让用户分享平台账号，推送信息给周围的朋友。

在此就以利用奖励机制让用户邀请新用户关注平台账号为例介绍老带新的拉新方式。在邀请式老带新中，一般的规则是：当老用户（推荐人）邀请新用户（被推荐人）关注或消费时，每带来一个新用户就可以获得一定的奖励。

此时的奖励根据平台的不同而不同。从种类上来说，既可以是实物奖品，也可以是现金券，抑或是其他一些能让人获利的事物。从对象上来说，有时不仅老用户有奖励，被邀请到的新用户同样也有奖励。这样，就为成功拉新提供了更好的保障。

（2）分享式。较于邀请式老带新来说，分享式老带新这一方式运用得可能更多,但在拉新效果上却是不及邀请式老带新的。因为老用户邀请了,就包括引导动作的话语在内。

然而对分享而言,仅仅只是看到了认可的内容就分享给新用户,此时对新用户来说,无非表现为以下两种反应。

第一,被分享的人可能只是看一眼就忽略过去了,没有给予过多的关注。此时被分享的人没有被分享的信息调动足够的兴趣,因而是不会加入关注者或消费者的行列的。此时被分享的人还只是这一个身份,而不是成为平台账号的新用户。

第二,被分享的人对分享的信息,或是基于兴趣,或是基于利益,或是在有一定兴趣的基础上基于对分享者的信任,而点击关注了分享的信息,成功地成为平台账户的新用户。

(3)互动式。对于策划活动的形式,如果是品牌,可以由品牌代言人与用户进行互动聊天;如果是电商,可以做免费抽奖活动。当然,关注即送小礼品、转发有奖、留言有奖等活动也很受用户的青睐。

如图9-4、图9-5所示,为"爱奇艺VIP"公众号和"手机摄影构图大全"公众号发布的留言有礼活动文章。

图9-4 "留言有礼"活动(1)

图9-5 "留言有礼"活动（2）

2. 策划活动带来的效果的衡量方式

微信活动的效果衡量方式有很多种，例如：
- 可以根据移动端的流量来衡量。
- 可以根据粉丝的增长数量来衡量。
- 还可以根据销售额的增长倍数进行衡量等。

目前业内常用的衡量手段是通过点击和销售额来衡量的。

3. 策划活动带来的回报率的衡量

有些企业看到微信营销的投资回报率并不高，所以认为所谓的微信营销，不过是多了一个沟通和发布信息的渠道，并没有特别大的用处。由于这个原因，很多商家一直保持观望态度，仅仅把微信当作一个交流平台。

然而，这种做法无疑是消极的，微信营销的回报率更多地体现在用户的关注度上，而不是立竿见影的购买力上，企业要从长远的角度来看待微信营销。

9.3 APP引流——APP、公众号粉丝共享

如果微信营销者开发出了团队APP，也可以通过微信平台将APP的链接入

口传递到平台中,为平台引入粉丝,然后在 APP 上通过一系列的盈利模式,实现商业变现。如图 9-6 所示,为"凯叔讲故事"公众号展示的 APP 下载链接入口,其作用也是为了吸引更多的用户。

图 9-6 "凯叔讲故事"APP 下载链接入口

9.4 红包引流——引爆微信群进行推广

"红包"在近年来是相当火爆的,微信的红包功能也是瞬间就引爆了微信群,这便给微信公众营销者提供了一招绝妙的引流方法,具体如下。

步骤 01 打开微信 APP(已经注册过微信号的用户可以直接登录),点击"发现"图标,之后会出现一个运行界面,如图 9-7 所示。

步骤 02 点击右上角的"加号"图标,会弹出来一个界面,上面显示"发布群聊""添加朋友"和"扫一扫"等按钮,点击"发起群聊"按钮即可,具体如图 9-8 所示。

步骤 03 点击"发起群聊"之后,会出现一个选择群聊成员的界面,在自己要选的人后面有个框,打上"√",点击右上角"确定"按钮,即成功发起群聊,群聊名字可以自行编辑,如图 9-9 所示。

图 9-7 微信的运行界面

图 9-8 点击"发布群聊"

图 9-9 发起群聊界面

步骤 04 在已经成功发起的群聊中,点击群员头像右侧的"加号"按钮,进去之后会看到"选择联系人"的界面,在你要邀请的朋友的后面的框框中打上"√",再点击右上角的"确定"按钮,即可成功地邀请朋友,如图 9-10 所示。

步骤 05 在微信群中群发红包,让朋友邀请他的朋友加入群聊活动中,以达到推广公众号的目的，具体如图 9-11 所示。

图 9-10　邀请朋友

图 9-11　发红包推广公众号

9.5　官网引流——借权威将粉丝引入公众号

如果是企业型的公众号，并且企业有官网，就可以通过自己的官网进行引流。通常，在官网中的宣传，大多是通过软文或者活动来吸引用户，然后将他们引入自己的微信公众平台上,但是在宣传推广的过程中,还是要注意以下几点内容。

第一,注重活动内容和软文内容,只有高质量的活动和文章内容才能吸引用户。

第二,在利用软文进行推广的时候,推广信息不要写得太露骨。

第三,注意软文中关键词的分布和频率。

第四,可以直接将微信公众号的二维码附到官网上或软文中。

9.6 线上微课——精准粉丝和获利双赢

线上微课是指按照新课程标准及其教学实践的要求,以多媒体资源(电脑、手机等)为主要载体,记录教师在课堂内外教育教学过程中,围绕某个知识点而开展的网络课程。

线上微课的主要特点有八个:第一,教学实践较短;第二,教学内容较少;第三,资源容量小;第四,资源组成情景化;第五,主题突出、内容具体;第六,草根研究、趣味创作;第七,成果简化、多样传播;第八,反馈及时,针对性强。

比如"凯叔讲故事"微信公众号,就推出了"尤克里里"的线上微课,具体如图9-12所示。

图9-12 线上微课

9.7 平台引流——在流量平台推广公众号

微信营销者如果想要通过推广获得更多的粉丝,除了可以利用在微信公众平台发布文章,及借助第三方微信服务营销系统开展活动等方法之外,还可以在一些主流的流量平台,通过推送文章的方法来为微信公众号获得更多的粉丝。

微信营销者可以引流的主流平台有八个,分别是:今日头条、一点资讯、搜狐平台、大鱼平台、企鹅媒体平台、百度百家平台、网易媒体平台和简书平台。

以简书平台为例,想要吸引更多粉丝,微信营销者需充分掌握以下三个功能。

(1)阅读功能。用户可以随时阅读简书上各种类型的文章,因此微信营销者可以通过分析用户的阅读喜好,让自己推送的文章能够吸引更多的用户阅读。

(2)交流功能。用户可以在平台的文章下通过评论的方式跟作者交流与沟通,微信营销者可以通过保持与用户的良好沟通交流,让用户成为忠实粉丝。

(3)分享功能。用户可以将平台上自己喜欢的内容分享到其他平台上,并附上微信公众号,微信营销者可以通过设置分享奖励的方式,让用户主动进行推广,从而吸引更多的粉丝。

以上几个对功能应用的引流方法,也适用于其他流量平台,在平台吸引到粉丝以后,微信营销者可以在自己优质的原创文章中加入公众号的信息,或是在文章中插入公众号的二维码,以此作为公众号的引流入口,吸引更多的粉丝关注。

如图9-13所示,为"最美应用"账号在今日头条的文章中,放入自己公众号推广的案例。

图9-13 "最美应用"的今日头条文章

9.8 关键词引流——从用户的角度去思考

在网络时代，我们遇到什么不懂的问题时会搜索，想要寻找哪一方面的信息时也会搜索……生活中的衣食住行等各个方面的问题，我们都可以通过搜索找到需要的答案。

人人是用户，从用户的角度去思考和选择关键词，是设置关键词的主要思路。那么，我们可以从哪些方面着手呢？下面为大家进行详细介绍。

1. 搜索习惯

用户的搜索习惯，从关键词的角度来说，就是用户在搜索引擎中搜索时使用的关键词组合形式。从用户的角度来说，不同类型的产品，用户的搜索习惯会有一定的差异，且用户使用不同的关键时进行搜索时，也会获得截然不同的搜索结果。

在这种情况下，如果你设置的关键词表达形式不符合用户的搜索习惯，那么运营的内容出现在搜索结果中的概率和排名会大大降低，甚至有可能被排除在外。因此，我们在内容中进行关键词设置时，首先要做的是从用户的搜索习惯出发，找出用户使用的关键词形式。

当然，这一技巧并不是到处都适用的，它需要根据产品、专题内容的不同而区别对待。例如，要分析用户在寻找与"构图"有关的信息时的搜索习惯，可以输入"构图"进行搜索，如图9-14所示。然后分析出各项的搜索量，搜索量大的是比较符合用户搜索习惯的。

图9-14 与"构图"相关的搜索

2. 浏览习惯

一般来说，在大部分情况下，我们浏览网页时，更多的是对页面信息的扫描阅读，且这种扫描阅读还存在浏览轨迹——浏览者都不由自主的以"F"形状的模式浏览网页，如图9-15所示。

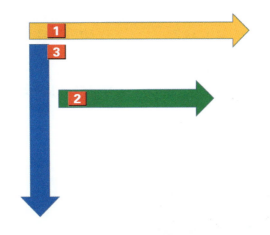

图 9-15　F 形页面阅读浏览轨迹

1 水平移动。用户会先把目光放在页面最上部，并完成顶部水平方向的浏览。

2 短范围水平移动。然后用户会将目光向下移动，此时进行的仍然是水平方向上的浏览，只是浏览的区域在横向距离上比上一步短。

3 垂直浏览。用户完成上两步后，目光的浏览方向会发生变化，转向垂直，将会沿页面左侧垂直浏览。

在研究了大多数浏览者的浏览习惯后，运营内容的关键词就可以沿着该轨迹进行设置，从而能成功地吸引用户的目光。

3．阅读习惯

当阅读的媒介和载体发生了变化时——从纸张到互联网再到移动互联网，毋庸置疑，人们的阅读习惯也将发生变化。基于互联网的海量信息和人们注意力的分散，用户的阅读需求也向着精品内容方向发展。电子书籍也因为客户终端的多样化而成为人们阅读的首选。

上述阅读习惯的改变，也是微信营销者应该掌握的运营大势，并把它积极地应用到渠道运营中，应用到关键词的设置中去。

总的来说，推送信息是渠道运营的主要目的，而要把企业、商家信息精准地传达给目标消费者，就有必要把与信息相关的关键词作重点展示。其中，在内容标题中把关键词嵌入进去是比较有效的一种方法。

如图 9-16 所示，为"手机摄影构图大全"的微信公众平台的文章。

图 9-16　推送信息中包含关键词的平台信息

图 9-16 中标题为"同一画面的 3 种构图，你喜欢哪种呢？"和"景深构图的 9 层境界，你修炼到了第几层？"的两篇文章，都分别在标题中嵌入了"构图"这一关键词，在加入辅助关键词的情况下，在其他媒体平台上进行搜索时，既可以让读者通过标题了解文章内容，又能精准地进行相关信息的推送，即使改换了文章名称，也能精准地让用户快速、准确地搜索到。

第 10 章

9 种盈利技巧，将用户转化为消费者

获得收益是每个微信营销者最终的目的，因此掌握一定的盈利方法是每个微信营销者必不可少的。

本章笔者将为大家介绍公众平台的盈利方法，并且以软文广告为例进行讲解，帮助微信营销者掌握获利的技巧。

- ▶ 线上培训——效果可观的吸金方式
- ▶ 流量广告——开通流量主获得收益
- ▶ 代理运营——与品牌商家进行合作
- ▶ 出版图书——靠基础和实力盈利
- ▶ 数据提供——高能力换取高收益
- ▶ 头条广告——发布软广、硬广进行变现
- ▶ 赞赏功能——发布价值文章获得收益
- ▶ 付费会员——留下高忠诚度的粉丝
- ▶ 收益分析——文章没有获利的原因

10.1 线上培训——效果可观的吸金方式

线上培训是一种非常有特色的盈利方式，也是一种效果比较可观的吸金方式。

微信营销者要开展线上培训的话，首先它得在某一领域比较有实力和影响力，这样才能确保教给付费者的东西是有价值的。此外，公众号除了付费课程之外，还要准备绑牢粉丝的免费资源。

在采用线上培训这种盈利方式的公众号中，做得不错的微信公众号有"四六级考虫"。"四六级考虫"是一个英语教学公众号，它有自己的官方网站和手机APP。"四六级考虫"公众号上的课程分为收费和免费两种，不同的课程价格也不一样。如图10-1所示，是该公众平台上的相关内容。

图10-1 "四六级考虫"微信公众平台上的相关内容

10.2 流量广告——开通流量主获得收益

流量主功能是腾讯为微信公众号量身定做的一个展示推广服务，主要是指微信公众号的管理者将微信公众号中指定的位置拿出来给广告主打广告，然后收取一定费用的一种推广服务。如图10-2所示，是"手机摄影构图大全"公众号为口红产品打的流量广告。

在"手机摄影构图大全"微信公众号的特定位置,把口红的广告推送出去,然后根据点击量进行收费,这就是流量广告的盈利方式。

图 10-2 "手机摄影构图大全"为某品牌口红打的流量广告

想要做流量广告,微信营销者首先要开通流量主,开通的具体步骤如下。

第一步,在微信公众号后台的"推广"一栏中,单击"流量主"的文字链接,如图 10-3 所示。

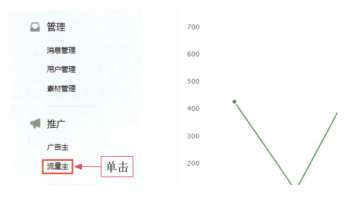

图 10-3 单击"流量主"文字链接

第二步,进入文字链接之后,再进入"流量主"开通页面,如图 10-4 所示。

第三步,单击"申请开通"按钮,就能进入开通页面,如果未达到相关的要求,就不能开通流量主功能,平台会跳出"温馨提示"对话框,如图 10-5 所示。

图 10-4 开通"流量主"页面

图 10-5 "温馨提示"对话框

对于想要通过流量广告进行盈利的商家而言，首先要做的就是把自己的用户关注量提上去，只有把用户关注量提上去了，才能开通流量主功能，从而进行盈利。

以下是关于关闭流量主、屏蔽流量主广告、流量主广告展示位的一些说明。

- 关闭流量主：在"流量主/流量管理"页面关闭流量开关，需要注意的是，关闭后要 24 小时后才能重新打开。
- 屏蔽广告：在"流量主/流量管理"页面中，设置广告主黑名单，其广告就不会出现在流量主的公众号中。
- 广告展示位：通常流量主的广告展示位置在全文的底部。
- 广告展示形式：文字链接。
- 广告推广页面：图文页面 + 推广公众号横幅。

10.3　代理运营——与品牌商家进行合作

　　一些企业想要尝试新的营销方式，这又给了创业者一个机会。有些微信公共账号已经在营销上小有成就，掌握了一定的经验和资金，这些账号开始另找财路，帮助一些品牌代运营微信。具体的操作模式是让百万大号替品牌商家运营一段时间公众号，在规定的时间内，让平台的粉丝增长到一定的数量。

　　而盈利的模式是按照粉丝的数量进行分成。譬如一个百万大号帮助一个品牌商家运营一个公众号，每增长一个粉丝，品牌商家给百万大号运营者4元钱，那么如果百万大号运营者替品牌商家的公众号吸引到了10万数量的粉丝，那么品牌商家就应该给百万大号运营者40万元的分成。

　　所以说，品牌代运营的商业变现模式，是一种比较适合百万大号的微信营销者的商业变现模式。

　　现在的微信公众平台有很多粉丝过百万的独立账号，粉丝过千万的账号集群，这些账号的粉丝基本上是通过微信代运营这一模式，依靠以前在微博等其他平台上积累的用户转化过来的。以微信平台为主，其他平台为辅，积攒粉丝，增加人气。

专家提醒

　　这些粉丝对微信账号的推广力度非常可观，也因为它吸取了之前微博运营上的经验和教训，保留了之前的客户资源，因此到微信上依然可以爆发新的增长点。

10.4　出版图书——靠基础和实力盈利

　　图书出版盈利法，主要是指微信公众平台在某一领域或行业经过一段时间的经营，拥有了一定的影响力或者有了一定经验之后，将自己的经验进行总结后，然后进行图书出版，以此获得收益的盈利模式。

　　只要平台运营者本身有基础与实力，那么采用出版图书这种方式的收益还是很乐观的。例如微信公众平台"手机摄影构图大全""凯叔讲故事"等都采取了这种方式获得盈利，效果也比较显著，如图10-6所示。

　　如图10-7所示，是微信公众平台"简书"策划的一个出版活动。

图 10-6　出版图书的公众号案例

图 10-7　"简书"微信公众平台上的出版征集活动

10.5　数据提供——高能力换取高收益

数据支持指的是微信公众平台专门给有需求的广告主提供相关的数据报告，从而获得一定收益的一种盈利方式。数据支持获得收益的方式并不是每一个微信公众平台都可以进行的，它对公众平台的能力要求比较高，只有那些拥有大数据基础的公众平台才能做到，如"新媒体排行榜""微榜"等公众平台。

如图10-8所示，是"微榜"公众平台上数据报告的部分信息。

图10-8　"微榜"微信公众平台上数据

10.6　头条广告——发布软广、硬广进行变现

随着互联网的发展，现在网络营销的方式也越来越多，不过最基本最广泛的还是软文营销。

微信营销者想要做好软文营销，并且通过软文营销实现商业变现，就需要懂得一些软广、硬广营销的规律和要素，才能让软文营销发挥其最大的作用。下面为大家介绍四种广告变现的方式。

1. 头条软文广告

头条软文广告是指在微信公众平台上，营销者将广告嵌入在头条消息中的一种广告形式。什么是头条消息？头条消息就是在推送消息中，摆在首要、最上面、最重要位置的一则信息。如图10-9所示，为"十点读书"公众号的头条信息，就在当天发布的消息中，摆在首要位置。

头条消息作为公众号最重要的流量入口，成了商家们紧盯的目标，将广告投放到头条消息中，能够收获到更加完美的效果，头条消息和非头条消息最大的区别就在于用户阅读数和点赞数等一系列数据的差别。

图 10-9 "十点读书"的头条信息

如图 10-10 所示，为"十点读书"微信公众号同一天的头条消息和非头条消息的数据对比。

图 10-10 头条消息与非头条消息数据对比

从图 10-10 中可以看出，头条消息的阅读数是 10 万 +，点赞数是 16271，而非头条的点赞数只有 2382，正是这种数据的差异性，导致头条消息和非头条消息的软文广告出现了不同的价格。

如图 10-11 所示，为官方认证的某些领域的公众号的头条消息和非头条消息的广告报价情况表，从图 10-11 中可以看出，头条消息的广告价格比非头条消息的广告价格要高。

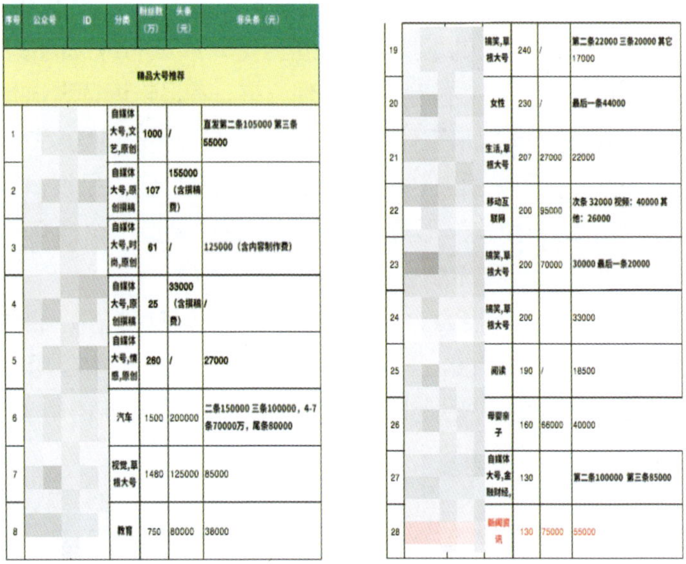

序号	公众号	ID	分类	粉丝数（万）	头条（元）	非头条（元）
精品大号推荐						
1			自媒体大号,文艺,原创	1000	/	直发第二条105000 第三条55000
2			自媒体大号,原创撰稿	107	155000（含撰稿费）	
3			自媒体大号,时尚,原创	61	/	125000（含内容制作费）
4			自媒体大号,原创撰稿	25	33000（含撰稿费）	/
5			自媒体大号,情感,原创	260	/	27000
6			汽车	1500	200000	二条150000 三条100000，4-7条70000万，尾条80000
7			视觉,草根大号	1480	125000	85000
8			教育	750	80000	38000

19			搞笑,草根大号	240	/	第二条22000 三条20000 其它17000
20			女性	230	/	最后一条44000
21			生活,草根大号	207	27000	22000
22			移动互联网	200	95000	次条 32000 视频：40000 其他：26000
23			搞笑,草根大号	200	70000	30000 最后一条20000
24			搞笑,草根大号	200		33000
25			阅读	190	/	18500
26			母婴亲子	160	66000	40000
27			自媒体大号,金融财经,	130		第二条100000 第三条85000
28			新闻资讯	130	75000	55000

图 10-11　头条消息和非头条消息的报价情况

头条软文广告的特点就是一个“软”字，它将宣传信息和文章内容完美地结合在一起，让用户在不知不觉中就被灌输了品牌理念和产品信息，从而帮助提升企业品牌形象和知名度、促进企业销售等。

软文广告的形式主要包括新闻事件类、悬念疑问类、故事叙述类、情感走心类等。头条软文广告是公众平台的主要的盈利方式之一，它生命力旺盛，但需要一定的技巧，也很考验公众平台写手的文字功底。

一篇优秀的软文在营销宣传中的作用是不容忽视的，下面笔者为大家介绍几种头条软文广告的技巧和方法。

（1）抓住痛点，激发购买欲。头条软文广告必须有痛点，如果找不到消费者的消费痛点，那么很遗憾，结果就只能有一个，那就是隔靴搔痒，永远没有办法让消费者冲动起来。

痛点，就是消费者某方面因没有得到满足或没有达到原本的期望而引发的一种负面情绪，也可以说是消费者对产品或服务的期望与现实不符而形成的一种心理落差。微信营销者只有对消费者有充分的了解，才能满足他们的需求，激发他们的购买欲。

（2）利用情景，推动购买欲。头条软文广告并不只是用文字堆砌起来就完事了，而是需要用平平淡淡的文字拼凑成一篇带有画面感的文章，让读者能边读文字，边想象出一个与生活息息相关的场景，才能更好地勾起读者继续阅读的兴趣。

简单点说，就是把产品的功能用文字体现出来，不是告诉读者这是一个什么，而是要告诉读者这个东西是用来干什么的，让情景推动用户的购买欲。

（3）利用话题，提升吸引力。话题类的头条软文广告，是很多网络推广以及策划人士都很喜欢用的一种软文形势，如果可以成功制造一个拥有吸引力的话题并且拓展成软文，那这篇软文无疑会取得相当大的成功。

（4）新奇角度，提升传播力。人们往往对新奇而有趣的事，会更愿意去关注和分享，头条软文广告也是如此，一篇有趣的软文广告总会引起用户的好奇，引发用户的传播，所以当企业在策划头条软文广告时，可以从新奇角度出发。

2. 头条硬广

头条硬广告是指在头条文章中，直接打广告的一种变现方式。硬广告的优点有传播速度快、涉及对象广泛、可直白地增强公众印象和具有动态形式。但是在头条消息中打硬广告，容易引起读者的反感、造成掉粉，因此硬广告的收费标准比软文广告的收费标准要高一些。

如图 10-12 所示，从这张图表中可以看出，微信公众平台打广告的收费价格依次是：头条硬广价格＞头条软文价格＞非头条软文价格。

3. 非头条软文广告

非头条软文广告就是在非头条消息中打软文广告，如图 10-13 所示为"简书"微信公众号在非头条消息中发布的一则皮具护理膏的软文广告案例。

非头条软文广告的优势就在于其性价比较高，非头条软文广告的价格比头条软文广告要低，但其点击量也不会比头条少太多，公众大号上的标题优秀的非头条文章点击量也很容易就能超过 10 万。

微信名	ID	粉丝数量	头条软文价格	非头条软文价格	头条硬广价格
		新媒体平台价格表			
		1400000	35000	25000	45000
		920000	25000	17000	32000
		1000000	27000	18000	35000
		900000	24000	16000	30000
		480000	10000	7000	15000
		500000	12000	8000	18000
		500000	12000	8000	18000
		400000	10000	7000	12000
		500000	10000	8000	18000
		200000	5000	3000	7000
		110000	2000	1500	3000

图 10-12 微信公众平台打广告价格情况

图 10-13 非头条软文广告案例

4．非头条硬广

在非头条消息中，除了软文广告之外，还有硬广告，即微信营销者在非头条消息中直接发布广告的一种变现形式。

如图 10-14 所示，为"朕说"公众号在非头条消息中发布的一则推广另外一

．177

个微信公众号的硬广告案例。

图 10-14　非头条消息硬广告案例

非头条硬广告的好处与头条硬广告的好处基本相同，只是因为非头条硬广告不是出现在头条内容中，其点击量和传播度会相应地比较少。

10.7　赞赏功能——发布价值文章获得收益

为了鼓励优质内容，不少新媒体平台都推出了"赞赏"功能，营销者可以从中获利。微信公众平台也不例外，由于还在公测期间，因此只有部分公众号能够开通"赞赏"功能，开通"赞赏"功能的微信公众号必须满足以下三个条件。

第一，必须开通原创声明功能。

第二，除个人类型的微信公众号，其他的必须开通微信认证。

第三，除个人类型的微信公众号，其他的必须开通微信支付。

营销者想要让自己的微信公众号开通这一功能，除了发布有价值、粉丝认可的文章之外，还需要经历两个阶段：第一个阶段是坚持一段时间的原创后，等到微信公众平台发出原创声明功能的邀请，就可以在后台申请开通原创声明功能了；第二个阶段是在开通原创声明功能后，继续坚持一段时间的原创，等待微信后台发布赞赏功能的邀请，这时就可以申请开通赞赏功能了。

微信营销者如果符合开通要求，那么只需在赞赏功能开通页面，单击"开通"按钮，即可申请开通赞赏功能。如图 10-15 所示，为赞赏功能的介绍。

图 10-15　赞赏功能开通页面

10.8　付费会员——留下高忠诚度的粉丝

招收付费会员建立社群，也是微信营销者获得收益的方法之一，最典型的例子就是罗辑思维微信公众号。罗辑思维推出的付费会员制有两个：5000 个普通会员，200 元 / 个；500 个铁杆会员，1200 元 / 个。而这个看似不可思议的会员收费制度，其名额却在半天就售罄了。

罗辑思维在初期的任务主要是积累粉丝，他们通过各种各样的方式来吸引用户，如写作、开演讲、录视频和做播音等。等粉丝达到一定的量之后，罗辑思维便推出了招收收费会员制度，对于罗辑思维来说，招收收费会员其实是为了设置更高的门槛，留下高忠诚度的粉丝，形成纯度更高、效率更高的有效互动圈。

如图 10-16 所示，为"罗辑思维"微信公众号推出的"每天听书月度会员体验卡"以及该会员卡的一些介绍。

图 10-16 "罗辑思维"公众号推出的会员体验卡

专家提醒

罗辑思维能够做到这么牛的地步,主要是罗辑思维运用了社群思维来运营微信公众平台,将一部分属性相同的人聚集在一起,就是一股强大的力量。

10.9 收益分析——文章没有获利的原因

一说到运营公众号月入过万之类的,很多人都不敢相信,但是据权威机构给出的数据,现在通过运营公众号月入过万的人群,也是严格地遵循着"二八法则"的定律存在的。那么为什么有些微信营销者还是没有收益呢?其实是以下几个环节出现了问题。下面进行具体介绍。

1. 微信平台权限

微信平台有规则存在，虽然平台不同，但是大部分运营方式都大同小异，如果你权重过低，肯定是没有收益的。什么因素会导致平台权重低呢？影响权重的因素主要是指数，比如大鱼号设置了星级，达到星级才能享受权益；百家号也要指数达到500才能享受权益；还有企鹅号的指数要求等，都是指数的体现。

2. 内容质量度

我们往往会发现自己的内容显示质量度不高，那什么因素会导致质量度不高呢？主要有两点。

（1）素材来源于网络。我们创作的素材很多都来源于网络，那就会出现一个问题，我们认为好的内容素材，别人也认为好，大家都在用这个素材，导致文章雷同，根本没有吸引力。那怎么选择网络素材呢？很简单，找素材的时候，找8~10篇同类型的文章，然后再重新组装，那样就不会出现太多与别人重复的部分。

（2）内容搬运。有些微信营销者发布的内容全部是搬运的，内容质量肯定会大打折扣，所以想增加收益要注意账号的质量度。

很多微信营销者往往自己很费力地在原创，但是收益却迟迟得不到增长，却又不知道到底哪里出了问题，所以会很着急，其实影响收益的因素主要有四点，把这四点做好收益就会有显著的提升。主要是哪四点因素呢？下面进行具体介绍。

1. 广告单价

一般来说，我们赚平台收益的微信营销者，都是在赚广告的钱，但很多人却不知道有些广告是和发布时间以及展现方式还有广告主给的广告单价有关的，也就是广告单价越高，我们获得的收益就越高，单价给得越低，我们得到的收益就会相应减低，所以广告单价是影响因素之一。

2. 阅读量

阅读量影响收益的因素不需要深究，大家都知道阅读量越大，广告肯定收益越高，这是成正比的，所以想办法把自己的阅读量提高才是正道。

3．原创度

文章是否搬运、视频是否搬运都会直接影响到原创度，也会直接影响到收益，原创度高的文章和得到原创标签的文章收益是非原创的两倍，所以坚持原创才是正道。

4．文章质量

文章质量决定了微信营销者是否有高收益，如果文章内容没有什么可读性，而且读起来语句不通顺、质量差，肯定得不到很高的推荐和阅读量，当然也不会有可观的收益。

第 11 章

7 种营销策略，实现营销效果最大化

营销是一个系统工程，不仅需要采取正确的营销方式，还要掌握必要的营销策略。

在微信小程序的营销过程中，主要有七大营销策略，如果微信营销者能够充分运用，那么营销活动将变得事半功倍。

- ▶ 鼓励分享——借助他人力量广泛传播
- ▶ 微信群分享——两种推广策略引爆小程序
- ▶ 关联功能——联合推广小程序和公众号
- ▶ 应用市场——增加小程序的曝光率
- ▶ 数据助手——便于及时调整运营方向
- ▶ 所在位置——巧用附近的小程序功能
- ▶ 特定场景——提高实用性争取大量用户

11.1 鼓励分享——借助他人力量广泛传播

当看到“鼓励用户分享转发”这几个字样时，有的微信营销者可能会有疑惑，因为微信小程序中是不允许诱导分享的。确实微信“运营规范”中的“行为规范”板块明确指出不能诱导分享，如图 11-1 所示。

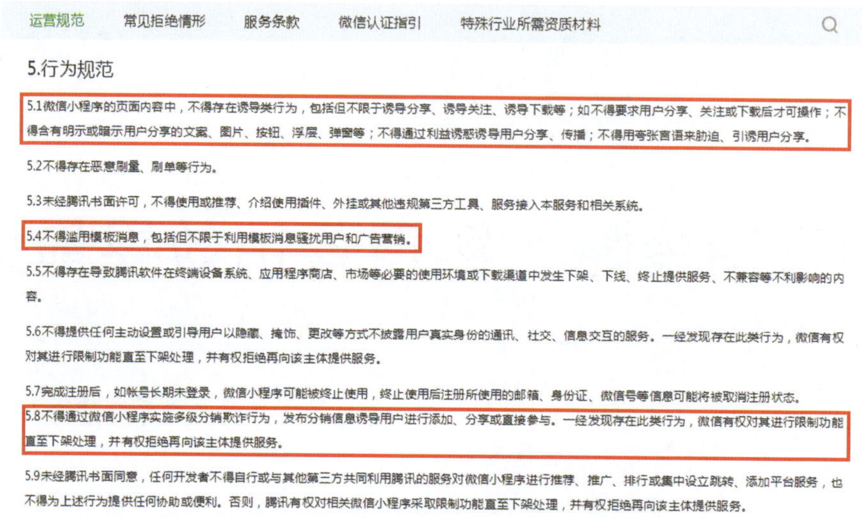
运营规范 常见拒绝情形 服务条款 微信认证指引 特殊行业所需资质材料

5.行为规范

5.1微信小程序的页面内容中，不得存在诱导类行为，包括但不限于诱导分享、诱导关注、诱导下载等；如不得要求用户分享、关注或下载后才可操作；不得含有明示或暗示用户分享的文案、图片、按钮、浮层、弹窗等；不得通过利益诱惑诱导用户分享、传播；不得用夸张言语来胁迫、引诱用户分享。

5.2不得存在恶意刷量、刷单等行为。

5.3未经腾讯书面许可，不得使用或推荐、介绍使用插件、外挂或其他违规第三方工具、服务接入本服务和相关系统。

5.4不得滥用模板消息，包括但不限于利用模板消息骚扰用户和广告营销。

5.5不得存在导致腾讯软件在终端设备系统、应用程序商店、市场等必要的使用环境或下载渠道中发生下架、下线、终止提供服务、不兼容等不利影响的内容。

5.6不得提供任何主动设置或引导用户以隐藏、掩饰、更改等方式不披露用户真实身份的通讯、社交、信息交互的服务。一经发现存在此类行为，微信有权对其进行限制功能直至下架处理，并有权拒绝再向该主体提供服务。

5.7完成注册后，如帐号长期未登录，微信小程序可能被终止使用，终止使用后注册所使用的邮箱、身份证、微信号等信息可能将被取消注册状态。

5.8不得通过微信小程序实施多级分销欺诈行为，发布分销信息诱导用户进行添加、分享或直接参与。一经发现存在此类行为，微信有权对其进行限制功能直至下架处理，并有权拒绝再向该主体提供服务。

5.9未经腾讯书面同意，任何开发者不得自行或与其他第三方共同利用腾讯的服务对微信小程序进行推荐、推广、排行或集中设立跳转、添加平台服务，也不得为上述行为提供任何协助或便利。否则，腾讯有权对相关微信小程序采取限制功能直至下架处理，并有权拒绝再向该主体提供服务。

图 11-1 “行为规范”板块

但是，如果微信营销者仔细阅读“行为规范”板块的相关内容之后，就会发现，它只是要求营销者不要在小程序页面中引导用户分享，至于其他的地方，比如公众号、线下等，微信小程序既没有作出要求，也没有管理的权力，微信营销者可以放心地鼓励用户分享小程序。

微信营销者可以把握好机会通过一定的举措鼓励用户分享小程序，如可以在线下举行一次活动，将小程序的分享次数作为评判的标准，对分享次数较多的用户给予一些优惠。

这样的做法，会让部分用户为了获得福利，主动充当小程序宣传员的身份，帮小程序广发“名片”。

当然，除了鼓励他人分享之外，微信营销者以及相关人员也可以充分发挥主观能动性，利用小程序的转发功能，将小程序分享给自己的好友。只是相比于自己埋头苦干，借助其他人的力量，往往能让更多人认识到小程序，毕竟，每个人都有好友，传播者越多，传播面相应地也就越广。

11.2 微信群分享——两种推广策略引爆小程序

除了好友分享之外，营销者还可以通过如下操作利用微信群进行分享。具体步骤如下。

步骤 01　进入需要分享的小程序页面，并点击左上方的●●●按钮，具体如图 11-2 所示。

步骤 02　操作完成后，在弹出的对话框中点击"转发"按钮，如图 11-3 所示。

图 11-2　点击●●●图标　　　　图 11-3　点击"转发"按钮

步骤 03　执行操作后，页面转至"发送给朋友"界面，此时只需选择需要转发的微信群即可，如图 11-4 所示。

步骤 04　操作完成后，如果小程序的链接信息作为聊天信息出现在目标微信群中，便说明转发成功了，如图 11-5 所示。

通常来说，利用微信群推广小程序可分为两种策略，具体如下。

图 11-4　发送界面

图 11-5　转发成功

1. 追求数量

所谓"追求数量",就是尽可能地将小程序转发至更多的微信群。这种策略相对来说更适合需要增加知名度的小程序,因为它可以最大限度地扩大宣传面,正好契合了该类小程序的需求。

但是,采用这种推广方法,对受众不加以选择,所以,大部分转发可能都收不到实际效果,而微信营销者为此花费的时间和精力就变成了一种浪费。

2. 以质取胜

与"追求数量"的策略不同,"以质取胜"的微信群推广策略,往往更注重对受众的选择,即挑选相对需要该小程序的人群进行针对性地宣传推广。比如,有的营销者通过在社群进行小程序分享,运用的就是这种策略。

虽然"以质取胜"的微信群推广策略更具有针对性,但是,它的宣传面通常比较有限,因此,对于迫切需要提升名气的小程序来说,该策略并不是太合适。

专家提醒

"以量取胜"和"追求质量"这两种微信群推广策略各有优势和不足，如果能做到两者兼顾自然是最好的。但是，在大多数情况下，营销者只能选择其中一种策略进行推广。

此时，微信营销者需要做的就是根据小程序的实际情况进行选择，如果小程序迫切需要提高知名度，就采取"以量取胜"的策略；反之，如果更看重质量用户的获取，那么就选择"追求质量"策略。

11.3 关联功能——联合推广小程序和公众号

对于微信小程序营销者来说，微信平台宣传小程序主要有三种途径，其中二维码更多地是提供线下入口，而分享功能则是将小程序推广至有一定联系的微信好友或微信群。那么，如何才能在线上将小程序推荐给更多陌生人呢？

此时，小程序营销者就需要用到公众号了。公众号对于小程序的宣传推广可谓是意义重大，这主要体现在关联功能上，公众号中可提供三条小程序入口，具体如下。

1．菜单栏跳转

公众号菜单栏可跳转小程序功能，相当于是增加了从公众号进入小程序的一条途径。微信营销者只需要进入微信公众号后台，在"自定义菜单"界面增加"小程序"选项，并在右侧的"跳转小程序"板块中选择小程序，具体如图11-6所示。

执行上述操作后，只需要点击页面下方的"保存并发布"按钮，便可生成一个类似于超链接的菜单选项，用户在公众号页面点击该选项，便可直接跳转至小程序界面。而这看似简单的操作，不仅加强了公众号与小程序之间的联系，更是增加了小程序的进入途径。

2．图文消息设置

在微信2017年3月27日开放的六大新功能中，出现了一个高频词汇，那就是"公众号"。因此这个开发的新功能，也被外界视为微信打通小程序和公众号的重要尝试。和公众号菜单栏可跳转小程序相同，公众号图文消息可打开小程序，实际上也是增加进入小程序的途径。

图 11-6 "自定义菜单"界面

微信营销者只需进行如下操作，便可实现让用户在公众号消息中打开自己的小程序。

步骤 01 进入微信公众平台的"新建图文素材"界面，并点击右侧的 按钮，具体如图 11-7 所示。

图 11-7 "创建图文消息"界面

步骤 02 执行上述操作后，页面将转至"选择小程序"界面。之后需要在该界面中选择已关联的小程序，并点击下方的"下一步"按钮，具体如图 11-8 所示。

图 11-8 "选择小程序"界面

步骤 03 完成操作后，页面将转至"填写详细信息"界面。在该界面选择展示方式、填写文字内容，并点击下方的"确定"按钮，具体如图 11-9 所示。

图 11-9 "填写详细信息"界面

步骤 04　完成上述操作后，图文消息中可生成一个图片或文字链接。如果将图文消息保存并发布，那么，公众号用户只需点击该图片或文字链接便可跳转至设定的小程序页面。

这就意味着只要公众号向用户发送图文消息，微信营销者便可以有意识地加入跳转至小程序的链接，增加小程序的曝光度，从而在方便用户进入小程序的同时，通过公众号为小程序引流。

3. 发送关联通知

除了公众号菜单栏和图文消息之外，公众号还可以通过向粉丝发送关联小程序通知的方式，增加进入小程序的渠道。

如图 11-10 所示，为某公众号向用户发送公众号关联小程序通知的截图。这看似只是一条通知，但是收到该通知的用户却可以通过点击消息，直接跳转至微信小程序的页面。

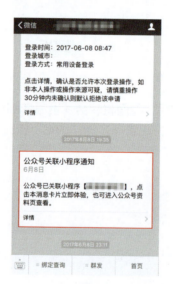

图 11-10　公众号关联小程序通知

另外，虽然每个公众号每天只有一个推送图文消息的名额，但是微信营销者大可不必担心发送关联小程序通知之后会影响正常的消息推送，因为该通知是不占用每天的推送名额的。

需要特别说明的是，公众号关联小程序通知只能发送一次，一旦用完就没有了，因此，微信营销者要懂得善用这次宣传小程序的机会，让这条通知尽可能地发挥其应有的引流效果。

4．介绍界面互相跳转

对于公众号关注的小程序，用户还可通过点击介绍界面的图标实现公众号与小程序的相互跳转。

以"京东 JD.COM"公众号为例，用户进入该公众号的默认界面之后，点击右上方的···图标，如图 11-11 所示，即可进入该公众号的信息介绍界面。而在该界面中赫然列出了"相关小程序"一项，并且出现了该公众号关联的小程序，如图 11-12 所示。如果用户点击该界面中的小程序图标，便可以直接进入小程序。

图 11-11　"京东 JD.COM"公众号界面　　图 11-12　"京东 JD.COM"公众号文章界面

同样的，用户在"京东购物"小程序中选择"关于京东购物"选项，如图 11-13 所示，便可进入如图 11-14 所示的"关于京东购物"界面。而在该界面中，用户同样可以点击公众号图标，直接进入小程序关联的公众号。

由此不难看出，通过信息介绍界面，营销者可以直接打通与公众号关联的小程序，从而形成一个流量的循环，促使公众号和小程序的流量一同增长。因此，无论是为了公众号，还是为了小程序，将小程序与公众号关联都是很有必要的。

图 11-13　选择"关于京东购物"选项　　　图 11-14　"关于京东购物"界面

11.4　应用市场——增加小程序的曝光率

在没有确定下载对象的情况下，大多数用户在下载 APP 之前都会在应用商店查看 APP 的相关评价，并结合平台的推荐作出选择。同样的道理，许多用户在使用小程序之前都会先在应用市场中进行查看。

而且由于用户平时可以接触到的小程序比较有限，所以，许多人都将应用市场作为获得更多小程序的重要途径。正是因为如此，小程序应用市场成了小程序重要的流量入口之一。

小程序应用市场不仅具有一定的流量，更为小程序的推广提供了诸多便利。应用市场中不仅对小程序进行了测评和推荐，而且还可以通过二维码的放置为小程序提供流量入口。

比如，知晓程序的"小程序商店"界面便设置了"精品推荐"和"口碑榜"两大板块，"精品推荐"如图 11-15 所示。如果微信营销者的小程序能够进入这两大板块中，并且排在前列，那么，用户进入该应用市场之后便可以看到小程序，这样一来，小程序的曝光率无疑可以大大增加，而小程序的认知度也将获得提高。

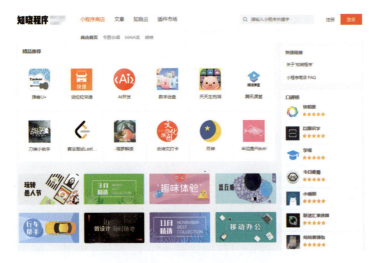

图 11-15 "小程序商店"界面

另外，如果在"小程序商店"界面点击某个小程序所在的位置，即可进入其信息介绍界面。如图 11-16 所示为"古诗文打卡"小程序的信息介绍界面。可以看到，该界面中不仅对"古诗文打卡"小程序的相关信息进行了介绍，而且还在页面右侧专门对小程序的二维码进行了展示，用户只需扫码，便可直接进入小程序。

图 11-16 知晓程序中"古诗文打卡"小程序的信息介绍界面

专家提醒

对于小程序来说，应用市场，特别是流量较大的应用市场，就是一个很好的宣传和推广平台。如果微信营销者能够让小程序出现在应用市场中的有利位置，那么更多的用户将对小程序有所认识。

另外，因为应用市场是第三方平台，所以，在用户看来，相比于微信小程序营销者自身的宣传，应用市场的测评结果更加客观，也更能令人信服。

11.5 数据助手——便于及时调整运营方向

"小程序数据助手"小程序是微信推出的一个小程序，用户只需在搜索栏中输入"小程序数据助手"，便可以获得如图 11-17 所示的结果。如果小程序已经发布，便可以直接进入该小程序，微信营销者可以在手机上实时查看小程序的相关数据。

当然，该小程序只适用于已发布小程序的营销者，如果小程序还未发布，或者微信营销者未获得小程序管理员的授权，那么便无法登录"小程序数据助手"，具体如图 11-18 所示。

图 11-17 搜索"小程序数据助手"的结果　　　图 11-18 显示无法登录

而登录"小程序数据助手"小程序之后,微信营销者便可查看"数据概况""访问分析""实时统计""用户画像"这四大板块的数据。如图11-19、图11-20所示,分别为"小程序数据助手"中的"数据概况"和"用户画像"界面。

通过关注"小程序数据助手",微信营销者可以非常方便地实时查阅小程序的相关数据,并根据数据的变化对相关运营策略的效果进行评估,从而及时调整运营方向,将小程序的推广引向正确的方向。

图11-19 "数据概况"界面

图11-20 "用户画像"界面

11.6 所在位置——巧用附近的小程序功能

大多数营销者在推广小程序时容易犯"灯下黑"的毛病。它们往往是想着如何用更多的渠道推广小程序,却忽略了小程序自身也可作为一个推广平台。

在小程序这个平台中,微信营销者不仅可以通过增加评论栏目等方式,与用户建立联系,还可以在"微信公众平台"|"小程序"中开通"附近的小程序"功能,增加与用户的接触面,如图11-21所示。

和微信"附近的人"相似,用户可以通过"附近的小程序"查看所在位置周围的小程序,具体操作如下。

登录微信并进入"小程序"界面,该界面中将显示部分小程序的图标以及附近小程序的数量，点击界面中的"附近的小程序"按钮，如图11-22所示。执行操作后，页面将跳转至"附近的小程序"界面，如图11-23所示。

图11-21 开通"附近的小程序"

图11-22 点击"附近的小程序"按钮　　图11-23 "附近的小程序"界面

所以，开通了"附近的小程序"功能，就相当于是在微信中直接为小程序打广告。只要小程序在用户附近,且用户查看"附近的小程序",那么,小程序便会借助地利之便增加用户的认知度。

11.7 特定场景——提高实用性争取大量用户

对于小程序来说,实用性可以说是制胜法宝之一,那如何体现小程序的实用性呢?其中较为简单和直接的一种方法,就是提供特定的实用场景,创造机会让受众使用小程序。

这一点对于以功能取胜的小程序来说尤其重要,因为实用场景的创造不仅增加了小程序的使用率,更是对品牌的有效宣传,只要使用场景做得好,便可以争取到大量用户。"摩拜单车"小程序就是一个很好的例子。

为了让品牌得到宣传,"摩拜单车"先是以数量取胜,将大量单车放置在道路旁,如图 11-24 所示。这一举动实际上就是通过随处可见的租赁物——单车,方便用户的使用。

图 11-24 路边的摩拜单车

而用户只要打开"摩拜单车"小程序,便可以看到如图 11-25 所示的默认界面。在该界面中,用户不仅可以清晰地看到离自己最近的单车,减少不必要的找车时间,更可以点击该界面下方的"扫码开锁"按钮,进入如图 11-26 所示的手机界面,通过扫码直接开锁。

图 11-25　"摩拜单车"小程序默认界面

图 11-26　扫码开锁

正是因为"摩拜单车"小程序可以通过单车定位和扫码开锁，为用户带来诸多便利，所以越来越多的用户开始使用该小程序。而在此过程中，该小程序的单车定位和扫码开锁功能，实际上起到的作用就是提供特定的使用场景。

专家提醒

提供小程序的特定使用场景，实际上是在方便用户的基础上，展现小程序功能的实用性，让用户将小程序的使用变成一种习惯，从而有效地增加用户的使用率。

比如，用户使用"摩拜单车"小程序可以更加方便地定位单车和扫码开锁，在体验到上述便利之后，用户如果有骑摩拜单车的需求，首先想到的就会是打开"摩拜单车"小程序，而这样一来，使用该小程序不知不觉地就变成用户的一种习惯。

第 12 章

8种优化方式，提升小程序搜索排名

因为许多用户都是通过搜索进入小程序的，所以，如果微信营销者的小程序搜索排名靠前，自然就能获得相对较多的流量。

那么，如何才能有效地提高小程序的搜索排名呢？这就是本章将要重点探讨的问题。

- ▶ 关键词预测——直观影响小程序排名
- ▶ 自定义功能——选择热门关键词
- ▶ 使用频率——合理运用高频关键词
- ▶ 长尾关键词——获得更多的点击量
- ▶ 争取好评——优化小程序搜索排名
- ▶ 链接诱饵——增加人流量提高排名
- ▶ 用户角度——拉近与用户间的距离
- ▶ 对手角度——深入了解竞争对手

12.1 关键词预测——直观影响小程序排名

在影响小程序搜索排名的各种因素中，最直观的无疑就是关键词。但是用户在搜索时所用的关键词可能会呈现阶段性的变化。具体来说，许多关键词都会随着时间的变化而具有不稳定的升降趋势。因此，微信营销者在选取关键词之前，需要先预测用户搜索的关键词。下面从两个方面分析介绍如何预测关键词。

1. 根据社会热点预测关键词

社会热点新闻是人们关注的重点，当社会热点新闻出现后，会出现一大波新的关键词，搜索量高的关键词就叫热点关键词。因此，微信营销者不仅要关注社会新闻，还要会预测热点，抢占最有力的时间预测出热点关键词，并将其用于小程序中。以下是预测热点关键词的四个方向。

第一，从社会现象入手，找少见的社会现象和新闻。

第二，从用户共鸣入手，找大多数人都有过类似状况的新闻。

第三，从与众不同入手，找特别的社会现象或新闻。

第四，从用户喜好入手，找大多数人感兴趣的社会新闻。

2. 根据季节性预测关键词

即便搜索同一类物品的小程序，用户在不同的时间段选取的关键词仍有可能会有一定的差异。也就是说，用户在搜索关键词的选择上可能会呈现出一定的季节性。因此，微信营销者需要根据这种季节性，预测用户搜索时可能会选取的关键词。

值得一提的是，关键词的季节性波动比较稳定，主要体现在季节和节日两个方面，如用户在搜索服装类小程序时，可能会直接搜索包含四季名称的关键词，即春装、夏装等；节日关键词会包含节日名称，即春节服装、圣诞装等。

季节性的关键词预测还是比较容易的，微信营销者除了可以从季节和节日名称上进行预测，还可以从四个方面进行预测：第一，节日习俗，如摄影类可以围绕中秋月亮、端午粽子等；第二，节日祝福，如新年快乐、国庆一日游等；第三，特定短语，如情人节送玫瑰、冬至吃饺子等；第四，节日促销，如春节大促销、大减价等。

12.2 自定义功能——选择热门关键词

为了增加搜索针对性,微信向小程序营销者开放了自定义关键词功能。营销者可以通过如下步骤,为自己的小程序自定义关键词。

步骤 01 登录"微信公众平台|小程序",点击菜单栏中的"推广"按钮,进入"推广"界面,并点击该界面下方的"添加关键词"按钮。

> **专家提醒**
>
> 需要特别说明的是,只有已经发布的小程序才拥有自定义关键词功能,如果小程序还未发布,那么进入"推广"界面之后,页面中会显示"暂时无法使用",具体如图 12-1 所示。

图 12-1 "推广"界面

步骤 02 点击"添加关键词"按钮之后,页面将转至如图 12-2 所示的"添加关键词"界面。在该界面中,可以通过输入关键词,并点击后方的"确定"按钮的方式自行添加关键词,但是,关键词的数量不能超过 10 个。关键词添加完成之后,点击下方的"提交审核"按钮。

步骤 03 执行上述操作后,自定义关键词添加申请便提交完成。与此同时,"推广"界面中将提示"关键词搜索策略将在 XX 日生效",如图 12-3 所示。另外,自定义关键词每个月只能修改三次,因此,微信营销者在添加关键词时需多一分慎重。

图 12-2　自定义关键词

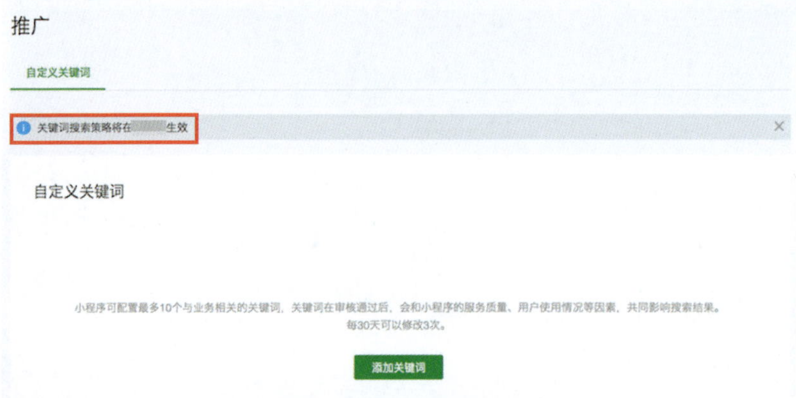

图 12-3　自定义关键词提示

步骤 04　关键词审核通过之后,"推广"界面中将以折线图的形式表示推广效果,如图 12-4 所示。微信营销者可根据这些图的走势判断自定义关键词获得的推广效果,并决定是否要对关键词进行更改。

对于大多数小程序营销者来说,自定义关键词的操作并没有太大难度,真正令他们头疼的是选用哪些词。对此,微信营销者需要根据自身小程序的业务范围选用相对热门的关键词。需要特别说明的是,热门与热点不同,热门是表示关键词已经出来,并且这些词本身具有了较高的搜索量,因此,热门关键词是不需要预测的,营销者需要做的是进行关键词的选择。

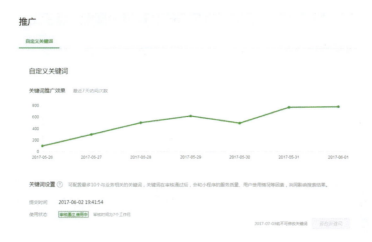

图 12-4　自定义关键词

那么,热门关键词应该如何选择?笔者认为,微信营销者可以从八个方面分析、选择热门关键词,如图 12-5 所示。

图 12-5　热门关键词的选择方向

比如,电视剧《都挺好》播出以后,引发了广泛的讨论,因此"都挺好"也成了一个热门词。如图 12-6 所示，为在微信小程序中搜索"都挺好"的结果。

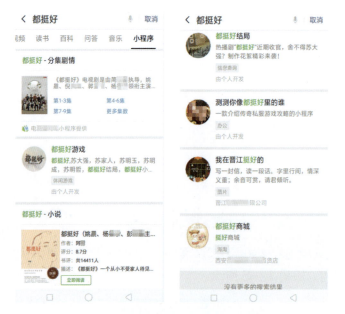

图 12-6　小程序搜索"都挺好"的结果

专家提醒

热门词比热点关键词用途更为广泛，因为它不需要进行预测，微信营销者只需要根据内容排名和流量进行关键词分析，便可以得出。

可能不少用户看到该结果后会选择"都挺好——分集剧情"和"都挺好——小说"这两个小程序，因为这两个小程序的介绍中包括大量与剧情相关的内容，看上去显得更有诱惑力。因此，在自定义关键词时，微信营销者应尽可能全面地呈现相关信息。

12.3　使用频率——合理运用高频关键词

在增加关键词的使用频率之前，微信营销者可以查看朋友圈的动态，抓取近期的高频词汇，将其作为关键词嵌入小程序中，并适当地让选取的关键词多出现几次。

如图12-7所示，为某微信用户朋友圈的截图，从该图中可以看出"都挺好"出现的频率很高，所以，营销者可以将"都挺好"作为关键词嵌入小程序中，并增加该词汇的使用频率。

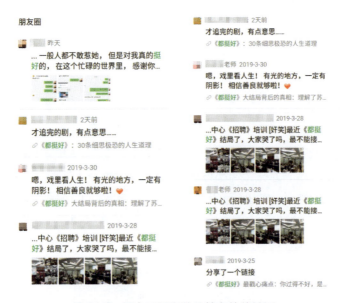

图12-7　朋友圈近期关注较多的关键词

需要特别说明的是，微信营销者在统计出近期出现频率较高的关键词后，还需了解关键词的来源，只有这样才能让关键词用得恰当。

比如，在了解到图12-7中的"都挺好"关键词是来源于电视剧《都挺好》之后，可以将该词嵌入小程序中。有需要的甚至可以写一篇关于该剧的微信文章，然后在文章中对小程序进行推广，这样做除了把握热门关键词之外，还可以在一定程度上起到引流的作用。

另外，关键词的精准程度是影响小程序搜索率的重要因素，所以，在选取关键词，并增加其使用频率之前，微信营销者还需要判断所选取的关键词与小程序的内容是否具有相关性。

只有当关键词与小程序具有一定联系时，才有可能对小程序的运营推广起到切实的作用。对此，微信营销者可从小程序的名称和相关介绍这两个方面入手，通过精准关键词的选择直接命中用户的痛点。接下来，笔者将对这两个方面进行具体介绍。

1. 名称关键词的精准程度

微信营销者的小程序名称应该准确地描述出小程序的功能或业务，让搜索的用户一眼就能判断小程序是否实用，而不能靠一些没有实际作用的热词吸引用户眼球。

当用户选取某个关键词搜索小程序时，系统会把名称中有该关键词的小程序排在前面，而那些名称中没有该关键词的小程序将被排在后面，甚至不会出现在搜索结果中。

关键词精准程度主要取决于描述的主题或内容，首先，关键词要让用户一眼就能知道将访问的小程序的内容大致是什么。其次，微信营销者不要使用搜索次数高、与小程序业务无关的关键词，只有这样才能提高小程序的搜索率。

如图 12-8 所示，为在微信小程序中搜索"美妆"和"快餐"的结果。以"快餐"的搜索结果为例，从该图中可以看出，所有排名靠前的小程序都有一个共同点，那就是名称中都有"快餐"这两个字。而我们熟悉的西式快餐（如肯德基、麦当劳）的小程序，均未出现在搜索结果中。

图 12-8 搜索"美妆"和"快餐"的部分结果

所以，如果用户在搜索结果中选择通过小程序进入，这类快餐就会被排除在外。因此，微信营销者在给小程序命名时，一定要尽可能地让与主要内容相关的关键词出现在名称中。

2. 相关介绍关键词的精准程度

小程序介绍内容中关键词的精准程度也能影响到小程序的搜索率，关键词在相关介绍中出现的位置与排名有较大的相关性，因此，营销者最好是将关键词放在小程序介绍的最前面，如第一段或正文最前面的 10 个字内，而且要尽可能加大使用频率，增加小程序内容的全面性。

如图 12-9 所示，为在微信小程序中搜索"电影"的结果。相信大部分用户在得到该结果后，会选择进入"猫眼电影"这个小程序。原因很简单，在这个小程序的介绍信息中，"电影"出现的频率最高。

图 12-9 "电影"关键词的小程序搜索结果

也正是因为如此，许多人会产生一种感觉，那就是这两个小程序中与电影相关的信息是最全面的，进而在此基础上理所当然地将它们作为第一选择。所以，在小程序的介绍中，微信营销者需要尽可能地增加关键词的出现频率，让用户觉得你的小程序内容最全面。

12.4　长尾关键词——获得更多的点击量

关键词可粗略地分为两类，一类是包含的范围相对较大、相对主流的关键词，即目标关键词。还有一类就是长尾关键词，它是指词汇包含范围相对较小，相较于目标关键词而言，用户搜索频率较低的关键词。

虽然长尾关键词的搜索率要比目标关键词低，但是，作为关键词的一种，它也可以为小程序带来流量。而且，因为长尾关键词的语义相对具体，所以，它往往比目标关键词更能获得精准用户。

那么，如何获取有效的长尾关键词呢？笔者认为，微信营销者可以通过四种方式对长尾关键词进行挖掘。

第一，通过热点内容、用户搜索习惯挖掘。

第二，寻找与目标关键词语义相近的词。

第三，对目标关键词进行重新组合。

第四，将目标关键词的语义进一步具化。

比如，"服装"作为产品的一个种类，在小程序的搜索中可视作目标关键词。而"批发"与"进货"语义比较接近，因此，小程序营销者可以将其作为一个长尾关键词。比如营销者的小程序是批发女装的，就可以将"服装"以及更为具体的"女装"作为长尾关键词。

某个小程序名为"一手女装批发服装批发进货网"，所以，用户搜索"批发""进货""服装""女装"，在结果页面都可以看到该小程序，具体如图 12-10~图 12-13 所示。

图 12-10　搜索"批发"的结果

图 12-11　搜索"进货"的结果

第12章 8种优化方式，提升小程序搜索排名

图12-12 搜索"服装"的结果

图12-13 搜索"女装"的结果

专家提醒

长尾关键词的添加并不一定尽可能多地将关键词加入小程序名称中。当然，不可否认的一点是，名字较长的小程序因其包含的关键词相对比较多，所以，与其他小程序相比，此类小程序往往能通过搜索获得更多点击量。

虽然该小程序由于名称相对较长显得不太好看，但与其他小程序相比，它有两大优势。首先，因为长尾关键词的添加，它可以更精准地获得潜在用户；其次，随着关键词数量的增加，该小程序被搜索到的概率增加，微信营销者能通过搜索这一途径获得更多流量。

12.5 争取好评——优化小程序搜索排名

可能部分微信营销者在运营小程序之后，会认为争取用户好评与小程序的搜索排名并无直接关系，其实不然。从关键词的搜索排行上来看，用户点击量越高

的小程序越排在前面,而许多用户点击某一小程序,很可能是基于其他用户或者某些小程序应用商店的好评。因此,用户好评对小程序的搜索排名可以说是至关重要的。

那么,如何争取用户的好评呢?笔者认为,微信营销者可以从两个方面努力,一是通过更新升级为用户提供更加实用的功能,对小程序进行完善。比如,在小程序上线一段时间之后,营销者可以就小程序的改善方向寻求网友的意见。

以"小睡眠"为例,在该小程序运行一段时间之后,微信营销者在网上开通了用户留言板块,结果许多网友通过留言的方式提出了自己的想法,如图12-14所示为部分网友的留言情况。

图12-14 部分网友的留言

当然,对于网友的意见,微信营销者还需要有选择地去听取。比如,在"小睡眠"小程序中,"用了小程序之后转用APP发现还有闹铃……真的好特别喔"是一个很有意义的评价,因为营销者可以根据用户的这句评价,知道APP的闹铃功能对用户是有吸引力的,可以以此作为宣传点,吸引用户关注小程序和APP。

二是通过一定的举措增加小程序内相关产品的好评率,这一点对电商购物类小程序尤其重要。对此,该类小程序内的商家可以通过提高产品质量和服务水平,以及赠送物品等方式,赢得用户的好评。

图12-15所示为"美团外卖"小程序中某个商家的评论界面,从该图中不难

看出，商家为了增加对用户的吸引力，推出了点外卖送饮料和手绘便利贴纸的方案。而结果是，许多用户基于赠送的饮料和手绘便利贴纸等物品，给出了好评。如图12-16所示，为另一顾客对该商家的评价。

图12-15 某商家的评论界面

图12-16 另一顾客的评价

> **专家提醒**
>
> 用户之所以会给小程序或小程序中的产品好评，可能有两个原因。一是它对于用户确实是有用处的，出于理性给好评。对此，微信营销者可以通过完善小程序功能和提高产品质量等途径实现。
>
> 二是用户对它生出了好感，出于感性给好评。为此，微信营销者可以通过互动增加情感联系、赠送物品让用户觉得买得值等方式，增加情感分。

12.6 链接诱饵——增加人流量提高排名

因为小程序的搜索排名与用户的使用次数直接相关，而通过链接增加人流量又是增加用户使用次数的重要途径。所以，链接的引流效果也可对小程序的搜索排名产生影响。链接大致可以分为两类，一类是实现小程序内页面跳转的内部链接；另一类是由其他平台跳转至小程序页面的外部链接。

单从流量的获取效果来看，外部链接明显要好于内部链接。因此，这一节笔者将重点对外部链接引流的相关内容进行解读。搜索引擎判断页面与关键词的相关性一般都是以页面上含有的元素进行分析，若页面上多次出现"摄影技巧"，或堆砌相关关键词，搜索引擎就会判断为该页面是与"摄影技巧"相关的内容。

这就导致许多商家及网站站长在页面上堆砌搜索次数高的关键词，让搜索引擎误以为该页面与热门关键词有关，实际上该页面的主题内容与关键词并没有相关性，页面得到流量后，再诱导用户点击广告，不管用户的体验如何。

虽然这样相关性的排序算法曾经被滥用过，但是不可取，与这样自说自话的行为相比，搜索引擎更注重他人的说法，如很多摄影网站都说你的网站是摄影领域的专家，那么，搜索引擎就极有可能认为你的网站确实是摄影方面的权威人士。

因此，小程序营销者在导入其他网站链接时若使用其他网站吹捧自己的链接，那么，外部链接的优化就相当成功了。

随着搜索引擎优化的对象越来越多，小程序要获得外部链接变得越来越难，目前比较有效并能快速获得链接的方法，应当是链接诱饵了。链接诱饵主要是从内容入手，需要精心设计和制作，创建有趣、实用、吸引眼球的内容来吸引外部链接。

通常，通过链接诱饵获得的外部链接，都符合好的链接标准。下面笔者分别从诱饵制作和诱饵种类两方面进行介绍。

1. 诱饵制作

小程序链接诱饵最主要的还是内容要有创意，因此，暂时还没有统一的标准和适用于所有情况的模式。在制作小程序链接诱饵时需要注意以下方面。

- 要坚持制作和积累链接，因为并不是每一个链接诱饵都能够成功。
- 若以内容为王，必定要在标题上花功夫，好的标题就是链接成功的一半。
- 链接诱饵的主要目的是吸引目标对象的注意，所以应该去掉诱饵页面中所有广告性质的内容。
- 在链接诱饵的页面上可以提醒和鼓励目标对象进行分享。
- 链接诱饵在设计与排版上也有讲究，排版整洁的页面有利于目标对象的阅读，容易引起对象的分享，而在设计上，在链接诱饵页面中加入图片视频或列表可以增加外部链接数量。

2．诱饵种类

链接诱饵有很多种类，小程序营销者可以根据诱饵的种类来选择吸引链接的方法。如图 12-17 所示为链接诱饵的常见种类。

图 12-17　链接诱饵的种类

以"得到"小程序为例，作为首批小程序，就在推出之后第 5 天，也就是 2017 年 1 月 13 日，它便暂停了服务，如图 12-18 所示。与此同时，罗振宇微信聊天信息中的内容"我们决定不做了。我们知道小程序是什么了。哈哈，但是不能说"也开始在网上掀起关于小程序前途的热烈讨论。

然而，半年之后的 2017 年 7 月 17 日，"得到"竟然重返小程序。用户在搜索栏中搜索"得到"，便可得到如图 12-19 所示的结果。而点击"得到"之后，则会进入如图 12-20 所示的"得到商城"界面。

虽然"得到"重返小程序之后，许多人是抱着验证罗振宇"打脸"的态度查看"得到"小程序的，但是，借助离场、返场的话题，该小程序在短期内知名度快速提升，有的平台甚至为用户提供进入该小程序的链接，因而"得到"也由此获得了大量的流量。

图 12-18 "得到"小程序暂停服务

图 12-19 搜索"得到"的结果

图 12-20 "得到商城"界面

12.7 用户角度——拉近与用户间的距离

小程序营销的优势是能够消除小程序（营销者）与用户之间的距离感，微信营销者想知道用户如何搜索，就必须从用户的角度去思考，并从用户的搜索习惯、浏览习惯评估和设置小程序的内容。

1. 搜索习惯

无论用户是在网站上搜索还是在微信小程序上搜索，用户的搜索习惯始终不会改变。用户搜索习惯是指用户在搜索自己所需要的信息时，所使用的关键词形式。而对于不同类型的产品，不同的用户会有不同的思考和搜索习惯，这时，微信营销者就应该优先选择那些符合大部分用户搜索习惯的关键词形式。

一般来说，用户在进行搜索时，输入不同的关键词会出现不同的搜索结果，对于同样的内容，如果用户的搜索习惯和小程序所要表达的关键词形式存在差异，那么，页面的相关性会大大降低，甚至会被排除在搜索结果之外。因为这很可能导致大部分用户在寻找 A 内容，而你提供的却是 B 内容。

因此，小程序营销者在进行关键词设置时，可以通过统计用户在寻找同类产品时所使用的关键字形式，分析用户的搜索习惯，不过这样得出的关键词只是适用于同类产品。例如，要分析微信用户的搜索习惯，可以在微信文章搜索栏中搜索"摄影"，搜索栏下方会显示出"摄影技巧""摄影大赛""摄影作品欣赏""摄影构图""摄影笔记""摄影比赛"这六个结果，如图 12-21 所示。

图 12-21 微信文章搜索"摄影"

所以，摄影类微信小程序的营销者在给小程序取名或填写小程序的介绍信息时，可以根据微信用户的搜索习惯，有意识地将"摄影技巧""摄影大赛"等词汇加入。这样一来，小程序被用户搜索到的概率势必有所增加。

2. 浏览习惯

在搜索小程序时，大多数用户都是在用眼球扫描搜索结果，而在扫描过程中，往往会无意识地忽略对自己不重要的信息，而将主要精力集中在对自己有用的信息上。所以，用户的扫描除了会受到主观的因素影响之外，还会受到自己眼球轨迹（即浏览习惯）的影响。

据著名的美国研究网站设计师发表的《眼球轨迹的研究》报告显示，在阅读网页时，大多数人的眼球都会不由自主地以"F"形状进行扫描阅读，然后形成一种恒定的阅读习惯，具体如下。

（1）目光水平移动。首先浏览网页最上部的信息，形成一个水平浏览轨迹。

（2）目光短范围水平下移。将目光向下移动，扫描比水平移动时短的区域。

（3）目光垂直浏览。然后将目光沿网页左侧垂直扫描，在浏览网页时，垂直浏览的速度会比之前较慢，也比较有系统性、条理性，对寻找最终信息有着至关重要的作用。

微信小程序营销者知道了大多数人浏览网页的习惯后，就可以沿着这样的眼球浏览轨迹在小程序页面中进行关键词的设置，吸引浏览者的眼光。眼球浏览轨迹如图12-22所示。

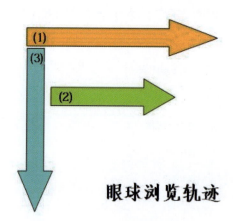

图12-22 眼球浏览轨迹

专家提醒

从用户的角度评估小程序内容的意义，就在于营销者可以通过用户的习惯更有效地为用户提供服务，以最佳方式呈现市场普遍需要的内容，从而在满足用户的同时，获得来自市场的认可。

12.8 对手角度——深入了解竞争对手

古人云：知己知彼，百战不殆。在设置小程序关键词和页面布局时，建议微信营销者深入了解竞争对手的小程序，摸清竞争对手小程序的关键词及布局情况，这样不仅能找到优化漏洞，还能掌握目前关键词的竞争热度，以便进行人力优化部署。其具体方法如下。

（1）在微信搜索中搜索与自己产品相关的关键词，重点查看和摘录在搜索中排名靠前的关键词，然后作对比分析。

（2）到网站上查询与搜索结果显示出来的排名靠前的公司信息，或直接在微信搜索中搜索这些公司的小程序，然后分析它们的功能，查看目标关键词和长尾关键词，统计出竞争者名单。

（3）分析行业类领头小程序的内容设计，然后将其中做得好的部分，作为自身小程序的学习模板。

比如，视频类小程序可以参照"腾讯视频""优酷"等行业内做得比较好的小程序设置内容。如图 12-23、图 12-24 所示，分别为"腾讯视频"和"优酷"的小程序界面。

图 12-23　"腾讯视频"小程序"频道"界面　　图 12-24　"优酷"小程序"首页"界面

在"腾讯视频"和"优酷"这两个小程序中,"频道"和"首页"界面主要是为用户提供视频资源。而从上述两幅图中不难看出,这两个界面根据视频的主要类型分为"电视剧""综艺""电影""动漫"板块。与此同时,为了方便用户寻找相关资源,还特别设置了搜索栏。

这两个小程序之所以可以走在行业前列,除了其长年积累下来的人气以及丰富的视频资源之外,合适的内容设置也是一个重要原因。虽然其他视频类小程序的人气和资源很难达到这两个小程序的水准,但是,至少可以通过板块设置让用户觉得该有的内容都有,而不至于直接输在页面的视觉感受上。

第 13 章

7 种变现方式，用小程序轻松获利

为什么要做小程序？对于这个问题，许多微信营销者最直接的想法可能就是用小程序可以赚到钱。确实，小程序是一个潜力巨大的市场，但是它同时也是一个竞争激烈的市场。所以，要想在小程序中变现、轻松赚到钱，掌握一定的技巧还是必不可少的。

▶ 个体电商——打造个体平台进行销售
▶ 大型平台——借助电商平台销售产品
▶ 付费内容——提供干货内容获取收益
▶ 直播宣传——将主播的粉丝变为消费者
▶ 收取定金——出售卡片打通线上线下
▶ 有偿服务——薄利多销累积更多收益
▶ 非销售盈利——不卖东西也能有收益

13.1 个体电商——打造个体平台进行销售

小程序可以说是开辟了一个新的销售市场，微信营销者只需要开发一个小程序电商平台，便可在上面售卖自己的产品。而且每个小程序都是单独的、由运营自己开发和设计的，所以，这就好比是小程序给出一块场地，微信营销者只需在上面搭台唱戏即可，唱得好还是唱得坏，都取决于微信营销者自身。

小程序对于商家的一大意义在于，商家可以通过开发小程序独立运营自己的电商平台，而不必依靠像淘宝、京东这种大型电商平台，这便给了微信营销者一个很好地探索个体电商、实现新零售模式的机会。

具体来说，无论是有一定名气的品牌，还是一般的微信营销，都可以在小程序中搭台唱戏，一展拳脚。图13-1、图13-2所示，分别为"周黑鸭"小程序和某零食小程序首页界面。

图13-1 "周黑鸭"小程序首页界面

图13-2 某零食小程序首页界面

从上面两幅图中不难看出，只要是店铺，便可以通过打造电商平台、销售产品来实现小程序的变现。当然，要想让用户在小程序中购物，首先得让用户觉得小程序有其他平台没有的优势。

对此，微信营销者既可以学习"周黑鸭"小程序的做法，设置专门的"到店点餐"板块,打通线上线下,如图 13-3 所示;也可以效仿某零食小程序的做法,进行一些促销或招代理活动,如图 13-4 所示。至于具体如何做,微信营销者只需根据自身情况进行选择即可。

图 13-3 "到店点餐"板块

图 13-4 招代理活动

微信营销者,特别是品牌名气不太大的营销者单独开发一个小程序,很可能会遇到一个问题,那就是进入小程序的用户数量比较少。对此,微信营销者需要明白一点,用户在购物时也是"认生"的,微信营销者在运营小程序的初期,用户或许会有所怀疑,不敢轻易下单。

但是,金子总会发光,只要坚持下来,在实践过程中,将相关服务一步步进行完善,为用户提供更好的服务,小程序终究会像滚雪球一样,吸引越来越多的用户的,而小程序的变现能力也将变得越来越强。

13.2 大型平台——借助电商平台销售产品

虽然微信营销者也能开发自己的小程序,但是,这样做很难在短期内积累大量用户,而要通过销售获利就更难了。正是因为如此,即便可以开发自己的小程序,许多店铺商家还是选择借助京东等大型电商平台的小程序,来进行产品销售。

这样做就好比是借他人的舞台来表演,虽然这个舞台给微信营销者提供了大量受众,但是,与此同时用户的选择空间比较大。所以,借助大型电商平台的小程序进行变现，用户基础虽然较好，但能否获得较好的效果，还得看微信营销者自己发挥。

微信营销者在大型电商平台的小程序中销售产品的好处在于，这些平台不仅用户基础大，入驻平台之后，可以同时在 APP 端和小程序端进行店铺经营。而且每个店铺都可以自行进行相关建设，一个店铺的内容呈现并不比单独做一个小程序差。

如图 13-5 所示，为小程序"京东购物"的某家居专营店铺的首页界面，从中可以看出，虽然这只是一个店铺，但是也能分成商品分类、店铺详情和联系客服 3 大板块，其能呈现的内容显然是不比大多数单独的小程序少的。

而且和单独的小程序一样，用户进入"商品详情"界面，也是可以直接购买商品的，具体如图 13-6 所示。

图 13-5　某家居店的首页界面

图 13-6　"商品详情"界面

另外，借助平台的庞大用户群，微信营销者只要做得好，便可以收获大量用户。从图 13-5 中可以看到，该家居专营店便收获了 44 万粉丝。如此海量的粉丝量，其变现能力也就可想而知了。

大型电商平台就像是一个大蛋糕，人人都想去抢一块，所以，入驻的商家会很多。也正是因为如此，店铺的直接曝光率可能并不是很高。以"京东购物"小程序为例，进入该小程序之后，用户可以看到一些导航栏，却无法看到具体的店铺，如图 13-7 所示。

也就是说，在"京东购物"小程序中，平台可能不会主动向用户推荐你的店铺，如果微信营销者自身宣传不够，或者用户搜索不到你的店铺，那么，能够进入店铺的用户可能并不会很多。

其次，因为平台中的店铺数量较多，所以，同样的产品会有许多商家在售卖，商家要想从中脱颖而出并不是一件容易事。如图 13-8 所示，为搜索"手机摄影构图大全 轻松拍出大片味儿"的结果，从中不难看出，就是这一本书，却有许多商家在卖。在这种情况下，即便是再好的商品，也会有商家出现滞销的情况。

图 13-7　"京东购物"首页

图 13-8　搜索结果界面

13.3　付费内容——提供干货内容获取收益

对于小程序，特别是内容类小程序来说，内容付费应该算得上是一种可行的变现模式。只要微信营销者能够为用户提供具有吸引力的干货内容，用户自然愿意掏钱，而这样一来，微信营销者便可以用优质的内容换取相应的报酬了。

1. 会员付费

内容付费比较常见的一种形式就是会员付费。所谓会员付费，就是指某些内容要开通会员之后才能查看。虽然开通会员需要支付一定的费用，但是，只要微信营销者能够提供用户感兴趣的内容，许多用户还是乐意为之。

而对于微信营销者来说，用户只要开通会员，便赚到了会员费，更何况在开通会员之后，用户还可能在小程序中进行其他消费。因此，不少内容类小程序都会采用会员制，为特定对象提供有偿服务。

当然，会员付费的变现模式的实行也是需要一定技巧的。如果微信营销者一开始就指明小程序哪些内容是会员才能观看的，那么，用户为了避免付费，可能会直接放弃查看该内容。

但是，如果微信营销者从一开始并不指明哪些内容是会员专属的，当用户点击查看内容时，即便发现是开通会员才能看，只要内容有足够的吸引力，会员费又不是很高，那么，用户便很有可能直接开通会员。

这一技巧"吴晓波频道会员"小程序就用得很好。当用户进入该小程序之后，可以看到如图 13-9 所示的"吴晓波频道"界面。可以看到在该界面中设置了专门的"最新"板块，在该板块中又提供了一些节目。

虽然每个节目上都没有标明需要会员才能查看，但是，当用户点击其中一期节目之后，很可能会在节目详情界面看到，内容是有偿提供的。用户要查看就必须通过开通会员等方式进行购买，如图 13-10 所示。

图 13-9 "吴晓波频道"界面

图 13-10 节目详情界面

大多数用户在遇到这种情况时，会根据费用的多少决定要不要购买。而当看到 180 元 / 年，平均每天就几角钱之后，再想到自己对这个内容确实感兴趣，可能也就直接开通会员了。用户在购买某件产品时，无论这件产品是实物还是虚拟的，都会衡量它值不值微信营销者开的价。所以，如果微信营销者要想通过会员制实现小程序的变现，就应该为会员多提供一些原创的干货内容。毕竟，只有在对内容感兴趣的情况下，用户才会心甘情愿地为它付费。

2. 付费看完整内容

我们经常可以在售卖某些食品的店铺中看到所谓的"免费试吃"，商家让你试一下产品的味道。如果你觉得好吃，还想再吃，就要花钱买。其实，内容类小程序也可以运用这种变现模式。

比如，微信营销者可以将一小部分内容呈现出来，让用户免费查看，先勾起用户的兴趣。等用户看得津津有味时，顺势推出付费查看全部内容。这样，用户为了看完感兴趣的内容，就只能选择付费了。

付费看完整内容的变现模式常见于一些原创文章或原创漫画中，用户在点击查看时，可以查看开头的一小半分内容，如果用户要继续阅读，则需要付费。如图 13-11 所示，为某漫画小程序的相关界面，很显然其采用的便是这种变现模式。

而在视频类小程序中，则更多地会将会员制和付费查看全部内容相结合。比如，在"爱奇艺视频"小程序中，对于某些电视剧，用户可以看前面一些剧集，但是，要查看最近更新的内容，则需要开通会员，具体如图 13-12 所示。

图 13-11　漫画小程序相关界面

图 13-12　"爱奇艺视频"小程序相关界面

付费看完整内容的魔力就在于，微信营销者通过免费提供的内容已经吊起了用户的胃口。而对于一些无法按捺住自己的用户来说，只要是自己感兴趣的内容，就一定要看完，或者是看到最新的内容。因此，这种变现模式往往能通过前期预热，取得不错的营销效果。

可以说，付费看完整变现模式的优势和劣势都是非常明显的。它的优势在于，能够让用户在尝到"味道"之后，对自己喜欢的内容欲罢不能，从而成功地让用户主动为内容付费。当然，这种模式的劣势也是非常明显的。这主要表现在，用户可以获得一部分内容，这样一来，整个内容的神秘感会有所下降，而且如果免费提供的内容不能勾起用户的兴趣，用户必然不会买账。

所以，微信营销者在运用付费看完整内容的变现模式时，一定要对提供的内容，特别是免费呈现的内容进行选择和编辑，确保它对用户是有吸引力的，否则，内容的变现率很可能不会太高。

3. 听课前先交费

我们经常听到一些经济欠发达地区的父母说这样一句话：就算砸锅卖铁也要供孩子念完书。虽然我们不希望听到这样的话语，但是，这些父母的态度也说明了知识的重要性。

也正是因为知识对于人的重要性，这些父母才会愿意砸锅卖铁支付学费。这也从侧面说明了，只要是对人有用的知识，那么，教师就应该为学生付出，从而获得应有的报酬。

其实，在小程序中也是如此。如果微信营销者是向用户讲授一些课程，便有获得对应报酬的权利。因此，通过开课，收取一定的学费，也是小程序特别是内容类小程序的一种常见变现模式。

"得到商城"可以说是通过授课收费模式，进行变现的代表性小程序了。用户进入该小程序之后，可以进入如图 13-13 所示的"首页"界面。可以看到，在该界面中为用户提供了一些课程，但上面都标了价格。

而点击其中的某一课程之后，便可进入如图 13-14 所示的课程相关介绍界面。在该界面，用户不仅可以看到课程的相关介绍，还可以购买课程供自己使用，或者将课程赠送给他人。

微信营销者要想通过授课收费的方式进行小程序变现，需要把握好两点。

一是小程序平台必须是有一定人气的，否则，即便你生产了大量内容，也可能难以获得应有的报酬。

二是课程的价格要尽可能地低一点。这主要是因为大多数愿意为课程支付的费用都是有限的，如果课程的价格过高，很可能会直接吓跑用户。这样一来，购买课程的人数比较少，能够获得的收益也就比较有限了。

图 13-13 "得到商城"小程序"首页"界面

图 13-14 某课程的相关介绍界面

13.4 直播宣传——将主播的粉丝变为消费者

流量就是影响力，许多商家为了推广自己的品牌都愿意花钱打广告。而一些人气主播流量相对来说是比较庞大的，所以，主播们完全可以在直播的过程中为他人和自己的平台打广告，以此在小程序中将流量变现。

直播广告的方式主要包括：直接对某些产品进行直播宣传和销售、在直播中插入一段广告以及在直播界面的合适位置插入广告等。其中，用户能够接受的一种方式是在直播界面的合适位置插入广告。

我们经常可以在某些直播界面的某些位置（通常是界面的边缘）看到一些广告，图 13-15 所示采取的便是这种广告方式。可以看到，在该直播界面的右侧有一个商城的名称和二维码，这便对该商城起到了很好的宣传作用。

相比于其他广告方式，在直播界面的边缘插入广告的优势就在于，主播不用再在直播过程中刻意地进行过多的宣传，只要直播还在进行，广告便会一直存在。而且因为不显得那么刻意，所以，通常不会让受众厌恶。

图 13-15　某直播的相关界面

因为广告有引导行为之嫌，所以，部分受众对广告是比较厌恶的。因此，在直播的过程中，主播可以适当地通过广告在小程序中变现，但是，一定要节制，不要让广告影响了受众的心情。

通过直播，主播可以获得一定的流量。如果微信营销者能够借用这些流量进行产品销售，便可以直接将主播的粉丝变成店铺的潜在消费者。而且相比于传统的图文营销，直播导购可以让用户更直观地把握产品，因此用这种方式取得的营销效果往往会更好一些。

直播用得比较好的电商平台当属"蘑菇街女装精选"，该小程序直接设置了一个"直播"板块，如图 13-16 所示为相关界面。平台的商家可以通过直播导购来销售产品，图 13-17 所示为某产品的直播界面。

而且在直播界面购买产品也非常方便，因为在直播的左侧列出了相关的产品，用户只需点击对应产品，便可以选择产品的颜色和数量，如图 13-18 所示。点击"立即购买"按钮，还可以进入"快捷下单"界面，快速完成购物，如图 13-19 所示。

在通过电商导购进行小程序变现的过程中，微信营销者需要特别注意以下两点。

其一，主播一定要懂得带动气氛，吸引用户驻足。这不仅可以刺激用户购买产品，还能通过庞大的在线观看数量，让更多的用户主动进入直播间。

第13章 7种变现方式，用小程序轻松获利

图 13-16 "直播"板块

图 13-17 某产品的直播界面

图 13-18 选择产品颜色和数量界面

图 13-19 "快捷下单"界面

其二，要在直播中为用户提供便利的购买渠道。因为有时候用户购买产品只是一瞬间的想法，如果购买方式太麻烦，用户可能会放弃购买。而且在直播中提供购买渠道，也有利于主播为用户及时答疑，增加产品的成交率。

· 229 ·

13.5 收取定金——出售卡片打通线上线下

部分小程序营销者,特别是在线下有实体店的营销者,在小程序的变现过程中探索出一种新的模式,那就是以礼品卡为外衣,在线上出售卡片,让用户先交钱再消费,而自己则收取定金,先把钱赚了。

部分在线下有实体店的小程序运营主体,会通过线上买卡线下使用的方式,打通线上线下,"星巴克用星说"小程序便是其中的代表。

步骤 01 用户单击"星巴克用星说"小程序,便可进入如图13-20所示的默认页面,在该页面中,用户可以选择对应的主题,以"咖啡+祝福"的方式,向他人表达自己的心意。

步骤 02 如果用户选择的是"定制星意祝福"主题,便可进入"定制星意祝福"页面;在该页面中用户可以选择卡面和礼品(礼品卡就是其中的一种礼品形式);单击"下一步"按钮,如图13-21所示。

图13-20 "星巴克用星说"小程序页面

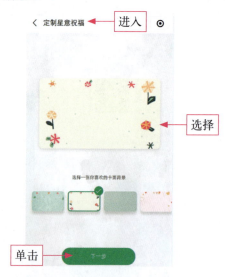

图13-21 "定制星意祝福"界面

步骤 03 执行操作后,进入如图13-22所示的卡片生成页面,编辑祝福语,单击"生成"按钮,完成卡片生成。

步骤 04 完成操作后,便可进入购买页面;如图13-23所示,选择自己要送出的"星礼卡"或咖啡,单击"购买"按钮,完成购买。

中国是礼仪之邦,我们信奉的是"礼轻情意重",而"星巴克用星说"小程序中的礼品卡则正好适应了国人的送礼需求。并且礼品卡可以用于线下结算，具有一定的可流动性。因此，部分用户，特别是年轻用户会选择通过赠送礼品卡的方式，向他人表达自己的心意。

图13-22　卡片生成界面

图13-23　"礼品卡"页面

13.6　有偿服务——薄利多销累积更多收益

小程序变现的方法多种多样，微信营销者既可以直接在平台中售卖产品，也可以通过广告位赚钱，还可以通过向用户提供有偿服务的方式，把服务和变现直接联系起来。向用户提供有偿服务的小程序不是很多，但也并不是没有，比如，"包你说"小程序便是其中之一。

用户进入"包你说"小程序之后，便可见到如图13-24所示的默认页面，而在该页面中输入赏金和数量的具体数额之后，页面中便会出现"需支付……服务费"的字样。如图13-25所示为赏金数额为1元时的相关页面。

而在支付了金额之后，便可生成一个如图13-26所示的语音口令，用户单击该页面中的"转发到好友或群聊"按钮，便可将红包发送给微信好友或微信群，具体如图13-27所示。

图 13-24 "包你说"默认页面

图 13-25 赏金为 1 元时的相关页面

图 13-26 语音口令生成页面

图 13-27 红包发送页面

虽然该小程序需要收取一定的服务费用,但是,因为费用相对较低,再加上其具有一定的趣味性。所以,许多微信用户在发红包时还是会将该小程序作为一种备选工具。尽管该小程序收费比例比较低，不过随着使用人数的增加，该小程序积少成多，借助服务，也获得了一定的收入。

在为用户提供有偿服务时，小程序营销者应该抱以"薄利多销"的想法，用服务次数取胜，而不能想着一次就要赚一大笔钱，否则目标用户可能会因为服务对象费用过高而被吓跑。

13.7 非销售盈利——不卖东西也能有收益

无论是通过电商类小程序平台的打造，销售商品，还是通过优质内容的打造，变内容为收益，其实质都是在卖东西。其实，小程序是非常强大的，只要运用得当，即便我们不卖东西，同样也能盈利。下面为大家介绍三种不卖东西就能盈利的方法。

1. 做得好自然有金主

在流量时代，有流量就等于拥有了一切。但随着时间的发展，人们逐渐发现在互联网中要获得发展光有流量是远远不够的。可是不管怎么说，流量不失为一种有效的推动力。对于小程序来说，流量也是一大发展利器。一方面，随着流量的增加，小程序影响力提高，能够获得的成交机会也会相应地提高；另一方面，流量主功能的开放，也让具有一定流量的小程序，拥有了另一种变现渠道，甚至小程序营销者还能凭此获得不错的收益。

如图13-28所示，为某成语游戏的小程序界面。用户进入该小程序之后，便可以看见页面下方的推广广告，用户只要单击该广告便可以进入推广信息的相关页面，而随着用户的单击，该小程序也借此获得了比较可观的收益。

当然，流量主功能目前尚处于内测阶段，大部分小程序可能并不能享受该功能带来的福利。对此，我们不妨来做一个简单的类比。

在微信公众号中早已开放了流量主功能，我们可以从中窥探该功能在小程序中能取得的效果。如图13-29所示为"手机摄影构图大全"微信公众号流量主的相关页面，可以看到该公众号流量主广告的曝光量和单击量虽然不高，但也取得了一定的收益。

而小程序凭借流量主功能能够获得的收益又与流量主广告曝光量和单击量直接相关，随着曝光量和单击量的增加，小程序营销者获得的收益也将对应地增加。因此，只要流量足够，流量主功能也不失为一种小程序变现赋能的有效途径。

图 13-28 小程序推广广告的相关页面

图 13-29 微信公众号"流量主"页面

2．融资变现

对于小程序营销者来说，个人力量是有限的，小程序平台的发展有时候还得进行融资。融资虽然并不能让小程序平台直接赚到钱，但是，却能大幅增强电商平台的实力，从而提高变现能力，实现曲线变现。

在金融市场中，资金通常是往投资者认为最有利可图的地方流动的。因为2017 年以来，小程序的发展势头较为强劲，所以，许多投资方也比较看好这一块"蛋糕"，纷纷将小资金投入小程序行业。如图 13-30 所示为 2018 年小程序电商投融资情况代表案例，从中不难看出小程序对于投资者的吸引力。

领域	小程序名称	最近融资时间	融资金额	投资机构
强势典型电商	拼多多	2018.4.11	$30亿	腾讯、红杉
新型电商	靠谱小程序	2018.4.18	¥数千万	青桐资本（财务顾问）
	礼物说	2018.4.19	¥1亿	未透露
第三方服务商	SEE小电铺	2018.3.21	$数千万	红杉资本中国（领投）晨兴资本等
	LOOK	2018.3.20	$2200万	GGV纪源资本（领投）峰尚资本（领投）等
	微盟	2018.4.20	¥10.09亿	天堂硅谷（领投）一村资本（领投）等
	V小客	2018.03.12	¥4000万	IDG资本

图 13-30　2018 年小程序电商投融资代表案例

小程序营销者可以通过对这些融资案例的分析和总结，找到适合自身小程序的融资方案，为小程序平台找到强劲的"外援"，从而让自己的小程序平台获得更大的发展推力。

虽然融资可以增强小程序平台的变现能力，但是，小程序营销者还得明白一点，投资方不会做赔本买卖，小程序平台要想获得投资，就要让投资方看到自己小程序的价值。

另外，融资毕竟只是增强变现能力的一种催化剂，小程序平台的变现能力终究还是由运营能力决定的。小程序营销者应该重点提高运营能力，而不能只是一味地坐等他人投资。

3．IP变现

IP是Intellectual Property的简称，我们通常会将其翻译为"知识产权"。"知识产权"包括专利权、商标、著作权和版权等。对于许多人来说，IP更像是一种标签，一些有特点的IP往往可以让人印象深刻，从而让微信营销者借助其影响力获得一定的"钱力"。

比如，漫威漫画公司打造的许多超级英雄便属于标签化的IP，也正是因为如此，当该公司推出汇聚了众多超级英雄的电影——《复仇者联盟》之后，快速地在全球各地创造出票房奇迹，其"钱力"不可谓不大。

如图13-31所示，为电影《复仇者联盟4》的海报，可以看到许多标签化的超级英雄IP，诸如钢铁侠、美国队长、绿巨人、雷神、黑寡妇、鹰眼、蚁人和蜘蛛侠等便赫然在列。

图13-31 《复仇者联盟4》电影海报

在小程序中，微信营销者可以通过两种方式借助标签化的IP，增强小程序平台的变现能力，具体如下。

（1）平台的 IP 化。所谓平台的 IP 化，就是指打造具有代表性的小程序平台，让用户将平台作为购买某些物品的首选平台。在这一方面，做得比较好的有吴晓波的"吴晓波频道会员"小程序和得到的"知识礼物"小程序。

吴晓波借助经济学专家的身份，其"声音"在经济学行业内具有一定的权威，所以，其推出的"吴晓波频道会员"小程序的"每天听见吴晓波"音频节目，受到了许多人的欢迎。如图 13-32 所示为其小程序的相关界面。

图 13-32　"吴晓波频道会员"小程序的音频节目相关界面

（2）内容的 IP 化。内容的 IP 化，简单地理解就是选取具有影响力的内容，打造专栏，将内容的粉丝转化为小程序平台的粉丝。

这一点，内容类小程序平台通常都做得比较好。比如，在"喜马拉雅"中，便推出了许多类似于《晓说》的专栏节目，打造了《知否？知否？应是绿肥红瘦》等广播剧内容。如图 13-33 所示为"喜马拉雅"中《晓说》《知否？知否？应是绿肥红瘦》的相关界面。

标签化的 IP，对于小程序平台来说，就相当于是一块活招牌。因为其所具有的代表性，往往更容易受到 IP 粉丝的欢迎，增强核心用户的获得力，这样一来，小程序平台的变现能力，自然而然地也就得到提高。

图 13-33　"喜马拉雅"中《晓说》《知否？知否？应是绿肥红瘦》的相关界面